増補改訂新版

レスキュー・ハンドブック

藤原尚雄＋羽根田治・著

SAFETY + RESCUE

JN085283

野山・水辺ですぐ役立つ
ファーストエイド＆レスキューの
最新テクニック

山と溪谷社

プロローグ

「大切な人がおぼれている!」「子供が野山でケガをした!」……。こんなとき、あなたはどうするだろう？　そして何ができるだろう？　「もし、あのときこうしていたら、こうすることができたら」、そんな後悔だけはけっしてしたくない……。

10年以上前のことですが、アメリカである水難事故が発生しました。大雨で激流と化した幅10mほどの排水溝に少年が流されました。少年を救うべく下流でレスキュー隊が必死の救助態勢を整えます。排水溝の両側から1本のロープを最短距離（流れに対して直角）に渡し、流されてくる少年をキャッチしようとしました。幸いロープの中央部分を少年がキャッチしました。しかし岸から少年まで距離があり救出できません。手や棒を差し伸べるが届かない。水圧でたわんだロープ中央で少年はものすごい水圧を受けながら必死でロープをつかむばかり。状況は進展しませんでした。そしてついに少年は力尽きロープを放し……。残念ながら少年を助けることはできませんでした。

こうした悲しい事故は二度と起こしたくありません。その後ロープの張り方が研究され、流れに対して斜め45度以内にロープを張ることでスムーズな救助活動ができることがわかりました。ロープをキャッチすれば、その後は水圧に押されしぜんに下流側の岸へと移動するわけです（状況により危険要素もあるので、安易に実行しないでください）。

ファーストエイドやレスキューは、安全・適確に効率よくすることが大前提です。ほんのちょっとの知識と技術で、事態は大きく変わるかもしれません。本書では、応急手当てや救助に関する最先端の内容を項目別にわかりやすく解説しています。ファーストエイドやレスキューにおける基本的かつ最低限の知識と技術、キャンプ場周辺・川・海・山といったフィールド別の危険回避術と非常事態への対処法、危険生物についての知識などが具体的な内容です。

フィールドではつねに予測不能な事態が起こりえます。事故発生後、できることがあれば手を尽くしたい。でも何をどうすればいいのかわからない。そんなときにこそ、本書を開いてみてください。非常事態に出くわしたとき、慌てることなく最善の対処ができるよう、ぜひ本書をフィールドに携帯してご活用ください。

少しでも事故が減るよう、また起こってしまった事故が少しでも軽度なもので済むよう、本書が役立つことを願います。

本書の使い方

①最先端の救助フィロソフィー

　ファーストエイドやレスキューをスムーズかつ安全に行なうために、まずは序文（P.8）をお読みください。最先端の救助フィロソフィー、つまりファーストエイドやレスキューを実際に行なう際の基本的な考え方を紹介しています。いずれの行為や活動を行なうにしても、必ずここで紹介する考え方が当てはまります。もちろん個々の項目ごとにお読みいただいても現場における対応は可能ですが、よりスムーズかつ安全な対応ができるはずです。

②ファーストエイドとフィールド別の構成

　本書は、ファーストエイドの基礎知識に加え、キャンプ場周辺・川・海・山といった4つのフィールド別にそれぞれのレスキューに関するベーシックテクニックを項目ごとに紹介しています。第1章ではどのフィールドでも役立つファーストエイドを、2章以降は地理的なメカニズムとともに発生頻度の高い事故への対応法やレスキュー方法をフィールド別に解説しています。ケガなどに対するファーストエイド（初期対応）に関しては第1章を、フィールドで事故に遭遇した場合や発見した場合は2章以降のそれぞれのフィールドをご覧ください。

③該当項目の見つけ方

　患者の症状や事故の状況、あるいは回避するためのテクニック、野山の危険生物など、検索したい項目を各章のトビラに記してあります。ページの端には、検索しやすいよう「つめ」もつけてありますのでご利用ください。また、目次やさくいんで検索する方法もあわせてご利用ください。なお、参照項目は、ページ下段に ▶▶▶ で示してあります。

目次 CONTENTS

目次 CONTENTS

これだけは知っておきたい 3つのキーワード

緊急事態に対応するとき、ケースに応じたさまざまな手段で行動することになる。しかし行動を起こす前に、これだけは踏まえておきたい大前提がある。以下3つのキーワードで表現してみた。

「セルフレスキュー・ファースト」

救助が必要な状況が生じたとき、それを助けるべく初期対応を行なおうとする。その際、ファーストエイド的対応であれ、レスキューする対応であれ、救助者となる立場の人は、何よりもまず自らの安全確保を第一に考えるべきである。これを「セルフレスキュー・ファースト」というキーワードで示す。陸・海・空のどのような救助対応においても、絶対的に守らなければならない第一義の命題である。

助けに行かなければいけないような状況では、当然救助者も危険な状況に置かれる。そういう状況下で何も考えずに飛び出していって、もしミイラ取りがミイラになってしまったらどうなるのか？　最初のミイラはだれが助け、2人目のミイラはだれが助けるのか？　ひとりのミイラを助けるのにひとりで事たりていた状況が、二次災害でミイラがふたりになってしまったら、状況はより深刻になり複雑化する。助けるのにふたりでもたりないほど難しい状況となり、同時に危険性も増すのである。

たとえば、河原で遊んでいておぼれかけている人を発見する。あなたはどういう対応をとるだろう？　「よし！　オレが行く!」とばかりに飛び込む？　場合によってはそれも選択肢のひとつかもしれない。が、飛び込む以外にできるもっと安全で効果的な対応方法はないのだろうか？

川の中は楽しい。だが不確定要素（＝危険）も多い。一歩間違えば1分以内に死に直結するトラブルが容易に発生する場所なのだ。飛び込んだ瞬間、あなたは遭難者と同じ条件下にいることになる。

あるいは車にはねられた人を発見したあなたは、一目散に駆け寄ってケアを行なうだろうか？　でもケアを始めた直後、あなたたち

まずはセルフレスキューを

のもとへ暴走車が飛び込んでくるかもしれない。また大ケガをして出血している人を見つけたとき、あなたは他人の血液に直接触れることなくケアを施すことを考えるだろうか？　善意に満ちた任意の行為で、あなたが致命的な、あるいは生涯にわたって後遺症をもたらす病に感染するかもしれないということを考えるだろうか？

　どんな現場であれ、救助を行なうという行為は、被害に遭う可能性のある状況に自らの身を置くことである。飛び込む前にひと息入れて冷静になり、声をかける方法ではだめなの？　もしダメなら、何か浮くものを投げることはできないか？　などなど、まず状況に潜む危険性を観察し、そのなかで自分に何ができて、どこまでが限界かを判断し、その範囲内で行動できる方策を考えよう。これがセルフレスキュー・ファーストの意味である。そのための考え方や行動のヒントは、以下に述べてあるので参考にしていただきたい。

「AKIS」——つねにシンプルな方法を考えよう

　レスキュー3（救助活動に関する最先端の技術開発や講習、実践を行なう世界規模の組織）には、急流水難救助の専門員のための講習

▶▶▶レスキュー3　P.88

「スイフトウォーター・レスキュー・トレーニング」というプログラムがある。学科・実技の両面にわたり、3日間で約35時間以上をかけて学ぶ専門的な講習だ。この講習を受講した多くの人が、日数を経るに従って陥るジレンマがある。救助状況下で救助の方法論に、より複雑なものを思考してしまうということだ。たとえば「岸から10mの位置の岩の上に取り残された人の救助法は?」というテーマに、「上空にロープを張り、それを伝って救助者アプローチし遭難者を引き上げる」というような答えを出しがちである。しかしじつは岸からロープを投げてそれにつかまってもらい、岸に引き寄せる方法が最も早くて救助者自身が安全な方法である。上空にロープを張るには、資機材、人員はもちろん、セットアップにも膨大な時間がかかる。救助現場ではすべての行動が一刻を争う必要があることを忘れてはならない。

初期対応の現場では、救助活動であれファーストエイドであれ、すべての行動は時間との戦いである。早く行なわなければ、時間の経過とともに状況は悪化し、取り返しがつかなくなる。時間的な余裕はきわめて少ないのである。

そういう現場における行動、つまり方法論の選択では、キープ・シンプルが絶対命題となる。方法がシンプルであれば、それだけセットアップも早くできるし安全性も高い。今そこに何があって、何をするのが最もシンプルなのかを瞬間的に判断すること、これがレスキュー活動の基本的哲学である。

先に述べたセルフレスキュー・ファーストという命題と表裏一体になっているこの命題を、レスキュー3では「Always keep it simple」の頭文字を取って「AKIS」というキーワードで普遍化させている。繰り返すようだが、複雑になればなるほど、時間の浪費と資材、人材、危険性が増すことを認識しておいてほしい。

ただし、この迅速さはけっして「慌てて」ということではない。セルフレスキューが確立されているかどうかを確認して、「これなら万全だ!」と確証が持てて初めて行動できるのである。

「LAST」──初期対応の行動のステップ

ファーストエイドを実施するにせよ救助活動に着手するにせよ、現場における初期対応において、絶対的に踏まえておきたい手順というものがある。この手順を簡単に説明して覚えやすくしたキーワードが「LAST」である。初期対応の行動のステップを表した英語の頭文字を並べ

たもので、この順番を踏み違えると二次災害などの危険性が増し、対応に失敗してしまう可能性が増えてしまう。セルフレスキュー・ファーストの項目でも説明したとおり、ひとりの被害者を助けるために被害者がふたりに増えたのではお話にならない。そういう愚行を起こさないためのキーワードである。また、初期対応しなければならないような現場に遭遇したときに「何からどうしていいのかわからない!」と迷ったときにも、このLASTを思い出せば、適切な行動がとれるようになるはずだ。

第1ステップ＝Locate（状況の把握）

　何か事が発生したら、まず状況をしっかりと確認する。なぜ起こったのかを充分に観察し、どの方向（状況としての方向性）に向かって進行しているのかを考え、それに対応する方法や必要な機材、人員を考え、自分がそれに対応できる能力があるのかどうかを瞬時に判断するステップだ。野外における場合は、このステップに「捜索」という行為が含まれることもある。

　また、初期対応を行なう現場の地形的条件、海や川ならば水温や流れの速さ、時間帯（日が昇るのか沈むのかなど）、民家へのアクセス

条件なども考慮に入れ、自分が行動するうえで何が障害になり、何が危険（ファーストエイドの場合は感染なども含まれる）となるのかも見極めなければならない。このLの段階で、もし初期対応が自分の能力を超える場合や、セルフレスキュー・ファーストの命題が遵守できないと判断された場合は、初期対応に着手することはできない。そのときは、さらに高度な知識を持ち、対応可能な訓練を受けた機関に応援を要請するとともに、状況の変化を逐次観察して記録に残しておこう。

よくありがちなのが、LASTのLをないがしろにしたために発生する二次災害である。

第2ステップ＝Access（到達のプロセス）

Lで把握、あるいは導き出した状況に従って、安全にそして極力シンプルな手段で被害者にアプローチしていくステップだ。当然ながら海や川などでは、自分自身が水の中に入らなくてもいいリスクレベルの低い方法からアプローチのしかたを考えて実施するし、ファーストエイドの場合は、たとえばケガ人のもとに接近することで自分が落石や滑落の危険性にさらされたりしない方法を選んでアプローチすべきである。

第3ステップ＝Stabilization（状況の安定化）

安定化のステップ。Aで被害者のもとに到達した後、被害者が置かれている状況が、今よりも悪化しないように現状維持、もしくは改善させる段階である。たとえば寒さを訴えているなら保温してあげる、出血しているなら止血、骨折しているなら副木を当てて固定するとか、また水難事故などの場合なら水から上げるといった行動である。

第4ステップ＝Transport（搬送、移動）

ファーストエイドも救助に関わる初期対応（ファーストレスポンス）も、現場でできる応急的な行為でしかなく、できることは被害者が置かれている状況を安定あるいは改善し、なるべくいいコンディションを維持してあげることが課題のゴールである。しかし安定化させただけでは済まない場合も多い。そういう場合は、さらに医療機関や消防などの公的救助機関に被害者を渡して、さらなる改善を図らなければならない。つまりおぼれている人を見つけて救出しても、それで初期対応が完結するのではなく、必ず救急隊に受け渡す必要が生じる。この受け渡しを含め、受け渡しの場所まで被害者を安全迅速に移送するステップが最期のTである。救助した被害者の容態が軽症に見えても、後々に不具合を生じる場合もある。医療機関への移送はついつい軽視されがちなステップだが、これが完了して初めて初期対応が完結すると考えておこう。

第1章
ファーストエイド

ファーストエイドとは

ファーストエイドと聞いて陥りやすい間違いは、その言葉が治療や診断を意味していると勘違いしてしまうことだ。医者でも看護士でもない私たちには、そもそも治療や診断、薬の処方などを行なえる権限も技術も、知識もないはずだ。生兵法はケガのもとの例えを引くまでもなく、なまはんかな医療行為のまね事は、あまりいい結果を招かない。

では、ファーストエイドとはいったい何だろうか?

端的にいうと、「ケガや病気になっている人を発見してケアを行なうとき、その人が医療機関に引き渡されるまでの時間、その状態の悪化を防ぎつつ現状を維持する作業」と考えればいいだろう。起こってしまった事故はもとには戻せないが、医療機関に行ったときに最善の治療が行なえるように、また回復の妨げにならないように行なう現場での応急処置が、すなわちファーストエイドである。もっとわかりやすくいえば、事故に遭った状況と医療機関の間に存在する時間と距離を最も短くする作業、それがファーストエイドである。

では、そのファーストエイドにおいて、具体的に何をすればいいのだろうか? 人波の中で倒れている人を発見しても、多くの人はただ傍観しているだけのやじ馬、あるいは見なかったふりをして足早にその場を去る人になってしまうのではないだろうか。関わりになりたくないとか恥ずかしいとかいうこともあるのだろうが、「何をしていいかわからない……」ということが、そうなってしまうもうひとつの大きな理由なのではないだろうか。

ファーストエイドで何を行なうのかはケースバイケースでオールマイティな答えはない。だが、起きた現象に対して半ば機械的に反応(対応)できるガイドラインが設定されている。これは世界的な医学コンセンサスにのっとっているもので、専門的な医療経験がなくても多少の知識があれば、だれにでも実行できるマニュアルのようなものである。通常、これはファーストエイドのプライオリティ(優先順位)と呼ばれているが、この流れさえ把握していれば、老若男女にかかわらずファーストエイドが施せるようになるのである。

救急車が来るまでに!

　下図は、トラブルが発生してから被害者が病院に運ばれていくまでの経路を図式化したものである。私たちの立場は、患者の第一発見者であり、同時に当事者でもある。こういう立場の者をバイスタンダーという。このバイスタンダーが救急隊を呼び、今度は救急隊が病院に運び、病院で初めて被害者は高度な医療を受けることになる。

　平成26年度の統計によると、119番通報から救急車が現場に到達するまでの全国の平均時間は約8.6分。だがフィールドならこれ以上に時間がかかることは容易に想像できる。この時間は緊急医療の世界で「空白の時間」とも呼ばれている。

　救急隊が到着するまでの数分間、または数十分間の空白の時間、あなたがもしバイスタンダーだったならどうする？　救急車を呼んだから役目終了とあとは見ているだけ？　それとも出血しているなら止血を試みる？　被害者の呼吸が止まっていたら、人工呼吸をする？

　救急隊の到着までにバイスタンダーが適切な処置を被害者に施せば、以後の医療に大いに貢献するばかりか、被害者のダメージを最小限度に食い止めることができるかもしれない。ファーストエイドとは、バイスタンダーの立場でいかに効果的な初期ケアを行なうかということなのだ。緊急医療システムは、被害者・バイスタンダー・救急隊・病院という見えないチェーンでつながって初めて成立する。バイスタンダーがやじ馬だった場合と、積極的にファーストエイドを行なう人だった場合を考えてみよう。あなたが被害者ならどちらを望むだろうか？

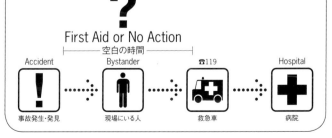

First Aid or No Action

空白の時間

Accident	Bystander	☎119	Hospital
事故発生・発見	現場にいる人	救急車	病院

ファーストエイドの
プライオリティ（優先順位）

自分の家族や仲間はもちろん、見ず知らずの人であっても、トラブルにみまわれている人を助けてあげられないよりは助けてあげたい。でも、多くの人がそれを実行できず、後ろめたさを持ちながらもやじ馬になってしまうのには、それぞれに理由があるからだろう。理由の大きな要因のひとつには、「何をどうやればいいのかわからない」という知識面での不安があるのではないだろうか。

ここで紹介するファーストエイドのプライオリティ（優先順位）とは、ケアを施していく順番のことだ。仲間から被害者が出た場合や事故やトラブルに行き合った場合、この順番だけでも覚えておけば、どうアプローチすればいいのか、何から手をつければいいのかがクリアになるはずだ。

応急手当てや救命手当て、救助方法の講習やトレーニングをプログラミングしている機関はさまざまある。たとえば、手当てでは日本赤十字社、消防の人工心肺蘇生法（普通救命講習）、MFAジャパン社のメディックファーストエイド講習など。救助ではレスキュー3のスイフトウォーター・レスキュー・トレーニング……。だが、いずれの講習でも緊急の医療的ケアに関しては、教える手法や符丁は違っていても、教える内容には大差がない。というのは、いずれの内容も世界的な医学コンセンサスに基づいてプログラミングされているからである。

その順位（手順）をわかりやすくキーワードを使って図式化したものが、以下のものである。

世界共通のファーストエイドの順位

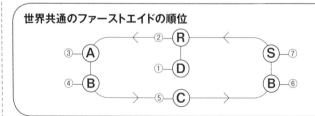

▶▶▶ 救助方法の講習 P.50、レスキュー3 P.88、人工心肺蘇生法 P.20

ドリンカーの救命曲線

　下図はドリンカーの救命曲線と呼ばれるもので、心肺停止状態に陥った人に蘇生を施した場合の、時間別蘇生率を図式化したものだ。グラフの横軸が心肺停止からの経過時間、縦軸が蘇生する確率を表したものである。

　曲線に表される数値自体は、環境条件や蘇生術の質などによって必ずしもこのとおりではないので「目安」でしかないが、時間の経過とともに急激なカーブを描きながらどんどん蘇生率が低下しているのがわかるだろう。

　人間の体は、あちこちの組織で酸素の供給を待っている。脳、内臓、筋肉……。このなかで、最も酸素の供給を優先するのが脳である。脳は、酸素供給が4〜6分止まっただけで死滅し始める。しかも、いったん死滅した脳細胞は再生しない（現代医学ではできない）。このため、脳細胞が破壊されると、蘇生そのものが不可能になるし、蘇生したとしても後遺症などの重大な障害を残すことになる。つまりドリンカーの救命曲線は、数字的なデータはさておき、概念として、「空白の時間」を埋める私たちバイスタンダーに、いかに早期で、しかも正しいCPR施術（人工心肺蘇生法）が必要かを訴えているのである。

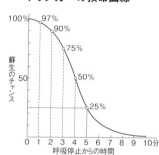

ドリンカーの救命曲線

蘇生率の目安にしたい「ドリンカーの救命曲線」

---

① **D**＝DANGER　危険を察知せよ!＝セルフレスキュー
② **R**＝RESPONSE　意識レベルの確認→必要に応じて119番通報

③ **A**＝AIRWAY　気道の確保
④ **B**＝BREATH　呼吸の確認→呼吸のサポート＝人工呼吸
⑤ **C**＝CIRCULATION　循環（心拍）の確認→循環の補助＝胸部圧迫
⑥ **B**＝BLEEDING　出血の有無の確認→止血
⑦ **S**＝SHOCK　ショック状態か否かの確認→ショックの管理

ファーストエイドの実践

① DANGER　危険を察知せよ!=セルフレスキュー

「危険!」というキーワード。ファーストエイドを行なうことで、自分自身が危険な目にさらされはしないかを確認しようというステップ。猪突猛進するのではなく、いったん止まってひと呼吸置き、自分の安全をまず確保してから被害者にアプローチする。つまり二次災害予防=セルフレスキューをまず考えようということである。

② RESPONSE　意識レベルの確認→必要に応じて119番通報

安全を確認して被害者にアプローチしたら、次に被害者の意識レベルを確認する。意識レベルには、①正常な状態（声をかけると明確に反応し、起こったこと、自分の氏名・年齢などがきちんと返答できる）。②混乱状態（反応は見せるが会話が成り立たなかったり、極端な躁または鬱状態、視点が定まらない状態）。③眠っているようだが、声をかけると反応する。④声をかけても反応しないが、痛みを与えると反応する。⑤声にも痛みにも反応しない（昏睡状態）。といろいろあるが、いずれにせよ手に負えないと思ったり、意識がはっきりしているようでも大ケガをしているような場合は、一刻も早く救急車を要請する。相手に意識があってもなくても、たとえ返事を返してこなくても積極的にコミュニケーションを図り、これから応急手当てを試みることや救急車がまもなく到着することなどを伝え、精神的に励ましてあげよう。

③ AIRWAY　気道の確保

意識がない、または意識レベルが極端に低い場合は、まず被害者の気道をつねに確保する。ただし、なぜ倒れているのか原因が不明の場合や明らかに首や頭部を打っているとわかる場合は、頚椎や脊髄の損傷を考慮し、首に負担をかけない方法を用いる。自力呼吸をしていてもあお向けで倒れているような場合は、意識レベルの低下とともに筋肉が弛緩し、舌根沈下を起こし、自身で気道をふさいでしまい呼吸ができなくなる。必ず気道を確保して次のステップに進もう。

④ BREATH　呼吸の確認→呼吸のサポート=人工呼吸

気道の確保を維持したまま、次に呼吸の確認を行なう。相手の胸の上下運動、呼吸音、吐息などを、視覚・聴覚・触覚のすべてを動員して確認する。気道の確保をしていても自力呼吸をしていない場合や、1分間に3〜4回程度の浅くて弱い呼吸しかしていない場合は、すぐに人工呼吸を行なう。人工呼吸はマウスツーマウスが一般的で確実

▶▶▶ 舌根沈下 P.45

な方法だが、相手の体液や吐しゃ物、血液などに触れる可能性があるので、感染予防と精神的な負担を減らすため、専用のマウスピースを使用する。

⑤ CIRCULATION　循環（心拍）の確認→循環の補助＝胸部圧迫

相手の脈拍（など循環徴候）を確認する。確認は頸動脈、手先の動き、皮膚の色などすべての生命徴候で確認する。血圧が低下していたり体温が極端に低下している場合は、脈では充分な確認は難しい。脈拍または自力循環が確認できなければ、胸部圧迫を行なって強制的に血液を循環させ、脳に酸素を送り込む。この胸部圧迫と人工呼吸を合わせたものを「人工心肺蘇生法（CPR）」と呼ぶ。CPRの方法は数年ごとにガイドラインが変更されるので、機に応じて、講習会に参加して正しい知識と技術を習得しておく必要がある。

また手元にAED（自動体外式除細動器＝P50参照）があれば、CPRの実施と並行してAEDを使用する。

⑥ BLEEDING　出血の有無の確認→止血

次は出血の有無の確認。もし相手の意識が明確で、こちらの問いかけにスラスラ答えられるようなら、当然、呼吸も脈拍（循環）もあるわけだから、A・B・Cは飛ばして、このステップから始める。ここでは体のどこかに出血がないか充分に確認する。特に冬場の厚着状態や暗色の衣服を着用している場合などは確認しづらい。頭の先からつま先まで指で追って確認するようにチェックする。出血には腹部や頭蓋内部への内出血もある。普通なら柔らかいはずの腹部が異常に張っていたら腹部内出血、耳から血が出ていたり、目の回りがパンダのように黒ずんでいたら頭蓋内出血を疑ってみる。外部出血が確認できたら、すぐに止血を行なう。止血には①直接圧迫法、②高揚法、③止血点圧迫（間接圧迫）法がある。このほかにもトールニケとも呼ばれる止血帯を使った方法もあるが、出血を止める一方で神経やほかの血管を痛めたり、壊死の危険性があるので、一般人レベルで行なうにはリスクが高すぎる。

⑦ SHOCK　ショック状態か否かの確認→ショックの管理

ショック状態とは、体の各組織に供給される酸素の量が不足することで起こるさまざまな症状の総称。原因は血液や体液の流出、血圧の低下、呼吸不全などなど。ショックに陥った人を適切にケアするには、体温調整のサポート、安息が得られるような体位にしてあげる、安全・快適な場所に移送するなどいろいろある。

DRABCBSの手順

① — Ⓓ = DANGER

発見したら、まず現場の状況を把握し、危険の存在を排除してから行動する

② — Ⓡ R = RESPONSE

意識の確認。声をかけてもダメなら痛みを与えてみる。同時に119番へ通報

③ — Ⓐ = AIRWAY

相手の体液に触れる前に手袋やマウスピースなどのバリアを装着

額を保定しつつあごを上げ、舌根沈下を解除して、相手の気道を確保する

④ — Ⓑ = BREATH

1

目で胸の上下動、耳と頬で吐息の有無を見て、なければ鼻をふさいで次へ

2

相手の口全体を覆うようにして、大きくゆっくり2回息を吹き込む

⑤ — Ⓒ = CIRCULATION

1

気道を確保したまま、10秒以上かけて脈拍などの循環徴候をチェックする

2

乳首を結ぶラインの中央（胸骨の剣状突起から指2本分上）が圧迫点になる

▶▶▶ 止血点 P.23　＊人工心肺蘇生法（CPR）＝Ⓒの写真3、4の動作（詳しくはP.1

1分間に100回程度の速さで、胸が5cmほど沈む強さで15回胸部圧迫する

15回の胸部圧迫の後2回の人工呼吸を行なう。圧迫15回呼吸2回を続ける

吐しゃ物が出てきたら、静かに体を横向きにして吐き出させる

⑥ (B) = BLEEDING

止血の初期対応は直接圧迫。ガーゼや清潔な布で出血部分を強く圧迫する

直接圧迫に加えて、患部を心臓より高くする高揚法も併用すると効果的だ

大出血の場合は、止血点を押さえる間接圧迫法も併用するといい

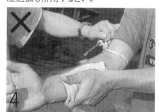

細いひもで強く縛る止血帯法は、ファーストエイドではリスクが大きすぎる

⑦ (S) = SHOCK

ショックの徴候がある場合は、ラクな姿勢にして体温維持を心掛ける

21

切り傷──ガラスや刃物で肌を切った

野外でいちばん多発するのが切り傷ではないだろうか。処置の基本は感染予防と直接圧迫だが、出血の状態がひどい場合や手に負えないときは、迷わずすぐに救急車を呼ぼう

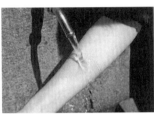

1 清潔な流水で汚れを流し落とす。過度な洗浄は患部をふやかしてしまうのでほどほどに

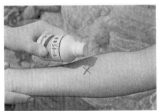

2 表面を消毒する。酸素系消毒液の場合は組織を傷める可能性があるので使いすぎに注意

3 血液に直接触れないようにグローブを着け、傷口にガーゼを当てて強く押しつける

ファーストエイドの優先順位の項でも述べたが、止血のポイントは、血液の出口を押さえる直接圧迫だ。

切り傷の処置もそれにのっとって行なう。ただし、野外でのケガの場合は、傷口に泥などの異物が付着している場合があるので、まずは傷口を洗浄する。表面の汚れと血液を流し落として、傷口の確認と保全を行なおう。

洗浄には、清潔かつ流れの勢いもある水道水を使うのがいちばんだが、現場になければ市販されている飲料水でもいい。

洗浄が終わったら、感染を防ぐために消毒する。現場では表面に消毒液を使う程度にとどめ、傷口の内部の処置は医療機関にゆだねる。ゴミなどが傷の内部に見えていても、無理にこじって取り出そうとしてはいけない。出血を助長させたり、断面をつぶして治りにくくしたり、傷跡を残しやすくするので、医療機関で見てもらうまで触らないようにする。

初期の処置が済んだら、傷口の上に清潔なガーゼ（ない場合

は、ライターの熱などであぶった
バンダナなどでもOK）を当てて上
から押さえて止血する。このガー
ゼは、決壊した堤から流れ出た水
（血液）を止める土嚢のようなも
のなので、一度当てたら外さない
ようにする。ガーゼに血がにじみ
すぎるようなら、さらに当て布を追
加する。傷口が開いているような
場合は、ガーゼを当てる前に、テー
プなどを使って傷口を閉じるの
も効果的だ。

　直接圧迫法だけで止血できな
いようなら、患部を心臓より高く
揚げる高揚法（ただし、そうするこ
とでほかにダメージを与えない場
合に限る）や、患部と心臓の間
で動脈が皮膚にいちばん近い場
所を上から押して血液を止める止
血点圧迫法を併用しながら医療
機関に急ごう。

　もちろん現場で手に負えないよ
うなケガなら、止血を試みながら
救急車を呼ぶべきである。

　また軽度の切り傷でも、感染
症の併発の恐れがある場合は、
早期に医者にかかろう。

4 圧迫が維持できるよう、わずかに締めつけながら包帯を巻き、ガーゼを固定する

5 包帯の末端は写真のように途中で折り返してやれば、包帯だけで結ぶことができる

6 傷口の真上に結び目が来ないように結ぶ。血がにじむようならさらにガーゼを重ねていく

止血点圧迫法

　止血点とは深い位置で走っている動脈が皮膚に最も近い位置にある点のこと。ここに手や指を当てて圧迫し、血流を止めることが止血点圧迫法（間接圧迫法）。直接圧迫法で止血できないときのみ用いる。壊死予防のため圧迫1分開放1分という具合に、完全に血流を止めないように使う。

擦り傷——転んで擦りむいた

ひじ、ひざ、顔など、特に小さな子供には付き物なのが擦り傷だろう。
傷口にゴミが入りやすいケガだが、処置は切り傷とほぼ同じだ。

1 傷の表面を軽く洗って汚れを取る。砂粒などが食い込んでいても、無理に取らないほうがいい

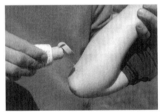

2 洗浄が済んだら消毒。このときもやりすぎは禁物。表面を軽く、ぐらいにとどめておこう

3 小さな傷ならこれでOK。市販の防水フィルムを貼って湿潤効果で治癒を待とう

擦り傷（にじみ出る程度の出血の場合）に対する基本の処置は、消毒プラス傷口の保護。傷が泥や砂利、ゴミなどでひどく汚れている場合は、処置の前に洗浄する。傷口が汚れていると、感染や傷の治りを遅らせる原因になる。

傷口を洗浄する場合は、水道水などのきれいな流水で、傷口の表面を軽く洗い流す。ただし、流れ出ない傷口内の異物を無理やり取ろうとするのはよくない。かえって傷を刺激し悪化させてしまう恐れがあるので注意しよう。洗浄の後は、消毒薬で傷口を消毒。ただし、酸素で殺菌するタイプの消毒液の場合は、使用過多の場合、菌だけでなく組織も破壊してしまうので適度にしておこう。

擦り傷の手当ては、ひと昔前なら乾かすことを主眼にしていたが、最近はフィルムで覆って外気と遮断しながら治癒を待つ湿潤療法が効果的とされている。防水効果の高い傷用フィルムなどが販売されているので、それを張っておこう。湿潤療法は従来の方法に比べて直りが早く、傷跡も残りにくい。

刺し傷——突起物が腕に刺さった

刺し傷の処置で重要なのは、刺さった異物が止血栓となっているので、
現場で異物を抜こうとしないことだ。

小 枝が刺さったなど、異物が体に突き刺さった場合は、現場でそれを抜かないことが重要。刺さった異物は、それ自体が止血の効果をもたらす栓となっているので、抜くことで出血がひどくなる場合がほとんど。逆に抜かなければ、表面的な出血は切り傷などに比べて少ない場合が多い。また、表面積は小さいが深さのある刺し傷は、適切な資材がない野外での洗浄や消毒も難しい。異物が刺さった場合は（貫通している場合も同じ）、絶対に抜かないこと。抜くのは医療機関で専門医にやってもらうべきだ。

しかし、病院への搬送中に異物が何かにぶつかったりすると、痛みが激しくなるうえ傷口を悪化させる原因となるので、じゃまにならないよう皮膚の近くで短く（抜きやすい長さで）切断する程度の処置は行なってもいい。

止血する場合は、異物を回避しつつ保定できるようにガーゼを当て、包帯などで直接圧迫する。写真のように異物の周囲を包帯や多量のガーゼなどで固めると、異物を安定化させることもできる。

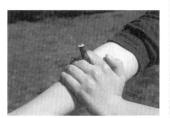

1 刺さった異物が長い場合は先端を切ってもいいが、絶対に抜かないようにして処置を行なう

2 異物の根元にガーゼを当てて圧迫し、止血と同時に異物が動かないように保定する

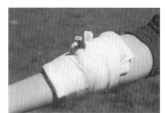

3 異物を避けながら、しっかりとガーゼを押さえるように包帯を巻き、病院に向かおう

切断——誤って指を切り落とした

切断部分の発見・保全と、止血を同時に行なう。対応が早く保全の状態がよければよいほど、接合の可能性が高くなる。

1 まず止血処置を施し、すぐに切断部分を探して洗浄し、保全の準備をしよう

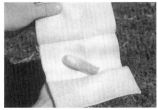

2 切断部分は乾いた清潔なガーゼで包む。ぬれたガーゼだと患部がふやけて接合の妨げとなる

3 切断部を包んだガーゼを完全密封してぬれないようにし、氷などで冷やして病院に運ぶ

指などを切断してしまった場合は、すぐに止血して切断部分を回収する。その場で結合させるのは無理なので、適切に保全して医療機関に急ぐ。医療機関へは、切断部分とケガをした本人が一緒に行くのが望ましいが、切断部分を回収、保全するのに時間がかかる場合は、本人だけでも先に医療機関に搬送する。

切断部分の保全は、まず付着した泥や異物をきれいな流水で洗う。このとき切断面に水圧をかけたり、ごしごし洗うのは避ける。また、長時間水にさらすのも切断部分がふやけるのでよくない。次に切断部分を清潔で乾いたガーゼ（ぬれたものは切断部分をふやかし結合を難しくする）で包み、ビニール袋に入れて完全密封する。密封した袋を、氷の入った別の袋に入れて冷やす。ドライアイスは使用不可。切断部分が凍ってしまって、接合の妨げになる可能性がある。

切断事故の場合、一刻も早く医療機関に行く。切断部分が、もとどおり接合できるか？　機能的にもとどおりになるか？　などと考えているヒマはない。

 ▶▶▶ 止血 P.21

腱の断裂——アキレス腱を切ってしまった

腱の断裂は激しい痛みを伴うし動けなくなる。基本的な処置は固定だが、事前に充分なストレッチをして予防することが先決だ。

関節を挟んで、骨と骨をつないでいる組織が腱である。この腱が縮んだり伸びたりすることで関節が曲がる。ハードなスキーなどで起こるひざの靭帯断裂などもあるが、一般的に発生しやすいのはアキレス腱の断裂だろう。自転車をこいだとき、山登りのとき、高い場所の何かを取ろうとしてつま先立ちしたときなどに発生する。

腱が切れると、当然、その関節は動かせなくなるし、非常に激しい痛みを伴う。すぐに医療機関に運ばないといけないのだが、現場で、あるいは到着するまでにできることは患部が動かないように固定することだ。基本的には、断裂した腱が縮む方向に関節を曲げて固定するのがよい。

腱の断裂が起きる要因は、ハードワークと逆に運動不足である。腱の柔軟性や潤滑性が老化している高齢者にも多く見られる。ふだんスポーツとは無縁の人が、いきなりハードな運動をすると起こしやすいので、スポーツの前に全身の腱を充分にストレッチして予防したい。

1 まずは腱が伸びる側ではなく、縮む側に関節を伸展させて安静にする。そして救急車を呼ぶ

2 痛みと症状の悪化を防ぐため、1の状態が維持できるように副木を添えて固定を行なう

目のケガ──異物が目に刺さった

目は外界に露出した脳といっても過言ではないほど繊細で重要な器官。それだけに処置にはよりいっそうの早さと適切さが要求される。その特殊性に驚いてしまいがちだが、冷静に落ち着いて対処しよう。

1 刺さった異物をカバーするためのアイカップ（紙コップなどが最適）を用意する

2 刺さった側の目を動かさないようにしながら、健康な目もつぶって眼球が動かないようにする

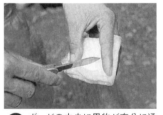

3 ガーゼの中央に異物が充分に通る程度の大きさのスリット（切れ目）を入れる

　目に異物が刺さった場合の基本の対応は、異物が刺さった目の保護、すなわち異物による目へのダメージを最小限に食い止めることである。

　万が一、眼球に枝などの異物が刺さった場合は、絶対に現場で抜くなどの除去作業をせず、処置は専門家に任せる。目は体表に露出した脳であり、センシティブこの上ない器官である。素人のファーストエイドでなんとかできるレベルの症状ではないことを肝に銘じておこう。

　人の目はふたつある。このふたつは連動して、しかも所有者の意思とは別に本能（自律神経といったほうが正しい）に従って動く。つまり、無意識に対象を見ようとする。もし一方の目に異物が刺さった場合、それが視力を奪われていても、無傷の目は対象物を見ようとして動くわけだ。そうすると否が応でも傷のある目も動き、刺さった異物によって眼球がそして神経が傷つけられてしまう。つまり、目がモノを見続ける限り、傷はどんどん深まっていくばかりなの

4 3のガーゼのスリットを異物に通して目に当てて、止血と保定を行なう

5 その上からカップをかぶせ、異物が不用意に何かに当たらないようにカバーする

だ。だが「トラブルを現状より悪化させない」というのが、「ファーストエイド＝初期対応」の絶対命題であるから、このような状態を放置しておいては、ファーストエイドにはならない。

目に異物が刺さった場合、これに処置を施す最初の手立ては、健康な側の目の視界を遮ってしまい、ダメージを負った側の目を動かさないようにすることである。すなわち、アイカップ（写真参照）などで保護し、それを保定するために包帯をするのだ。

目をケガすると視界が遮られると同時に痛みが襲うため、患者自身が強い不安に襲われパニックになることがある。こうした場合、患者は目をこすって異物を取ろうとする場合があるが、これは絶対にさせてはいけない。目の処置を行なうと同時に、患者を落ち着かせるような働きかけも必要かつ重要である。

6 ガーゼ、もしくは幅広の包帯にカップの底がきつめに入る程度のスリットを入れる

7 6のスリットをカップに通し、そのまま巻きつける。ガーゼの場合はその上から包帯を巻く

8 包帯は健康なほうの目も覆うように巻いて目隠しし、眼球が動かないようにする

打撲とねんざ——転倒して岩に足を打った

野外でありがちだが、程度によっては軽視できないもの。ねんざとは関節の骨と骨をつないでいる靭帯が急激に伸びきってしまう状態のこと。骨折や脱臼と見分けがつかない場合もあるので要注意。

打撲に対する基本的な処置は、軽易な打撲（打撲部位が浅く、範囲が小さい）なら、部位の安静と冷却である。冷やすことで、まずは症状の進行を防げ痛みを緩和する。

しかし打撲は手足だけではない。高い場所から落下したり、速い速度で転倒・衝突した場合などのように全身を強打した場合は、

1 打撲を負った患部は、とにかく冷やして痛みとそれ以上の悪化を抑えるようにするのが第一

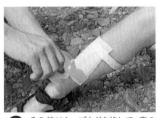

2 その後はシップなどを施して、痛みとともに腫れや炎症を抑えよう

腹部などで臓器の内出血を起こす可能性がある。普段は柔軟な腹部がふくらみ、板のように硬くなっているような場合は、腹部内臓器の大量内出血が疑われる。また頭を打って耳から血が出ていたり（止血してはいけない）、目の回りがパンダのように黒ずんで（クマ状態）いたら、頭蓋内出血の可能性もある。このような重篤な場合はとにかく安静を守り、一刻も早く119番するべきである。

打撲、骨折、内臓の出血の有無は外見では区別しにくい。起きた状況を把握し、患部を動かさないように対処することが大切である。

そのほか打撲で懸念されるのが、挫滅症候群というケースである。打撲により皮下組織が破壊され、内出血して広範囲にわたって皮膚が青紫に変質（いわゆる青タン）した場合は、死滅した細胞から漏出した毒素が体内に循環して生命維持に悪影響を及ぼすこともある。内臓や頭蓋内部に出血がない単純な皮下内出血も、広範囲に及ぶと重篤なケースに発展しかねないのである。

1 帯状にした三角巾やネクタイなどの中央を土踏まずにあてがう

2 両端をかかとのほうに回してクロスさせる

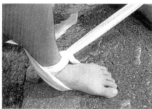

3 くるぶしの横の部分に、右から来た先端は左側に、左から来た先端は右側という具合に通す

ねんざには、関節が曲がる方向にひねった場合の内反性、逆のパターンの外反性がある。ひどいねんざの場合は、靭帯やその周辺組織が断裂し、患部が内出血を起こすこともある。いずれにしても現場でできる処置は、患部を固定してクーリングし、それ以上の悪化と痛み、炎症と腫れを抑えることだ。

ねんざの最も顕著な例は足首のねんざだろう。固定方法は写真のとおりだが、このような方法できつく固定することで痛みが驚くほど軽減し、包帯による圧力によって腫れが抑えられる。

4 両端が通せたら、いったんテープの端を後方に引いてたるみをとるようにしごく

5 たるみがとれたら、テープをクロスさせてぎゅっときつく絞り上げて固定する

6 余った部分は、何回か足首に巻きつけて短くし、適度な長さになったら縛る

7 4、5のステップできちんと絞り込めていればガッチリ足首が固定され、痛みが和らぐ

脱臼と骨折——崖から転落して腕や肩を強打した

関節の骨と骨が本来ある位置からずれてしまう状態を脱臼という。骨折には、折れた骨が外に露出したり、骨は見えないが出血を伴う開放性骨折と、表面的にはわからないが内部で骨折している閉鎖性骨折がある。

1 折れた箇所を挟んだ両側の関節を橋渡しするようにして副木（スプリント）を当てる

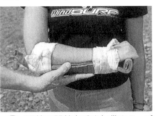

2 両端の関節部分を包帯やテープなどで副木に固定して、折れた部位が動かないように保定する

3 三角巾や風呂敷、大きめのバンダナなどで、写真のように固定した部分全体を包んでつる

脱臼は、股関節、ひじ関節、ひざ関節、指の関節など、どこにでも起こりうるが、特にありがちなのが肩の脱臼だ。

いずれの部位であれ脱臼すると、症状としては極度の痛み、違和感、動かせないなどがあり、兆候としては動かせていない、外観が不自然という具合になる。痛みについては人によって程度がかなり異なり、脱臼癖のある人はあまり痛みを感じない場合もある。いずれにせよ無理にもとに戻そうとせず、医療機関で治療するべきである。素人療法で治そうとすると耐え難い痛みを伴ううえ、関節組織にダメージを与えてしまって治りが遅れたり脱臼癖がついたりする。

現場でできる処置は患部が動かないように固定し、痛みと悪化を防ぎつつ、医療機関に搬送することだ。ただし、ずれた骨によって動脈や神経を圧迫して、患部より末端部の脈拍兆候が明らかに希薄になっていたり、極度のしびれなどの症状がある場合は、速やかに救急車を要請すべきである。急がなければ、循環不良で患部より末

端部を失うことにもなりかねない。

骨折といっても、どの骨がどう折れているのか、またはそもそも骨折しているのかどうかすら現場では判断しづらい。ねんざや脱臼ということもある。

そもそもファーストエイドでは、診断や治療は行なわないのが基本。行なうべきことは、医療機関に引き渡すまでの間、いかにいいコンディションに保全しておくかだ。

骨折で見受けられる兆候は、部位の外見の変化、腫れ、開放性の場合は出血などである。症状としては、部位の痛み、極度の違和感、動かせない、貧血様の悪寒など。脱臼やねんざとほぼ同じ兆候、症状である。骨折が疑われる場合は、処置として固定を行なう。患部が動いてしまうと、激しい痛みが襲うのと、折れた骨が血管や神経を傷つけてしまい状態をさらに悪化させるからだ。固定は、副木を当てテーピングする。この際、部位のみを固定するのではなく、部位を含む骨の両端の関節ごと固定するのがポイント。

なお、骨折するようなアクシデントに遭遇したとき、極度の興奮で骨折の自覚症状が感じられず、骨折していないかのように部位を動かそうとする場合がある。骨折が疑われる場合は、とにかく安静にさせ、部位を固定しよう。

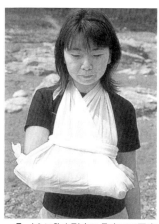

4 さらに胸を副木に見立てて写真のようにぴったりと縛ると、つり下げがいっそう安定する

安全ピンを使った簡易三角巾

三角巾がなくても、安全ピンが1〜2本あれば、写真のようにTシャツをまくり上げて留めるだけで、簡単に固定部分をつることができる。しかも、写真の3と4が一度にできてしまう

発熱・腹痛など──急に気分がわるくなった

暴飲暴食がたたっての腹痛や下痢。不慣れな環境や生活に起因する便秘や体調不良。急な雨に降られて風邪をひくなど、内科的な不調に対応するための内服薬も用意しておこう。

内服薬は、普段から飲み慣れたものや、以前にも服用した実績のあるものがいちばん安心

症状と効用を理解し、用量と用法をきちんと守った服用を心掛ける。過剰摂取は絶対に避ける

野外でよくある内科系の症状としては、急な発熱や頭痛、長期にわたる慣れないキャンプ生活から陥る便秘、ナイトパーティにありがちな暴飲暴食による腹痛、下痢、吐き気などがある。

こうした場合にもすぐに対処できるようにファーストエイドキットのなかには、解熱・鎮痛剤、止しゃ薬（下痢止め）、整腸剤、胃薬、風邪薬などの現場対応の内服薬も準備しておいたほうがよい。

当然のことであるが、これら薬を服用するときは自分の体調・体質に合ったものかどうかを確認し、薬の用法・用量をきちんと守って内服すること。いつも自分が使っている薬があるのなら、必ずそれを持っていくべきである。

しかし、この場合の薬はその場しのぎであり、医療機関にかかるまでの時間稼ぎでしかないということを忘れずに。

また、ファーストエイドキットのなかに備えてあるこれらの内服薬は定期的に入れ替えて、つねに賞味期限ならぬ有効期限内を確保しておこう。

▶▶▶ ファーストエイドキット P.46

やけど──誤って熱湯を指にかけた

やけどは、とにかく即座に冷やすのが鉄則。水道のように勢いのある流水に充分な時間さらして冷やそう。

やけどを負った場合は、すぐに水で冷やすことが重要。冷やし始めるまでの時間が短いほど被害と痛みを最小限に食い止める。冷やす時間は痛みが取れるまでで、一般的に思っているよりも長い時間が必要。やけどの度合い（面積や深さにより1〜3度まで段階がある）によっても違うが、最も軽い1度の場合でも、水道水などの流水で10分かそれ以上かかる。水道がない場合は、市販の飲料水でも構わない。しかし、巷間よくいわれる「やけどには油」といった民間療法的「塗り物」はご法度。感染の心配があるうえ、特に油（バターなど）は熱の発散を妨げ、後に施される専門的な治療にも適合しない。現場での処置は、とにかく「水で充分に冷やす」だ。

着衣の上から熱湯や煮えた油などをかぶった場合は、熱を保存してしまう効果が続いたり皮膚と繊維が癒着する可能性もあるので、即座に水をかけて冷やし衣服を脱ぐ。また、やけどによって水疱ができた場合は、感染防止のためにも、無理につぶさないようにし、乾いたガーゼなどで保護する。

清潔な流水に10分以上さらして冷やす。バターや油などを塗るのはやめておこう

何事も過度は禁物

ケガの場合、感染予防を軽視するのはもちろんよくないのだが、日本人は全体的に潔癖気質が強くて、洗浄や消毒に念を入れすぎる傾向がある。傷口がふやけるまで洗ったり、組織が白く焼けるほど消毒すると、逆に傷の治りが遅れたり跡が残りやすくなる場合もあることを知っておいてほしい。ときには縫合手術の妨げになる場合もある。実際にあったことだが、縫合を要するケガの応急処置に酸素系消毒液を使いすぎ、あとで病院に行ったとき、外科の先生から「これじゃあ縫ってもくっつかないじゃないか、何もせずにそのまますぐに来い」としかられたという例がある。また包帯を当てるような場合も、最近はストレッチ性のものが多いため患部より末端部の血流が滞るほど締めてしまう場合がある。軽度のケガなら、そこまで締める必要はない。逆に末端部に悪影響を及ぼしかねない。

低体温症—泳いでいたら体が動かなくなってしまった

低体温症（ハイポサミア）とは、環境温度が体温よりも低いところで活動したり、なんらかの要因で体調を崩したりして外気温に順応できず、奪われる熱量が体内で作られる熱量を上回った場合に起こる症状をいう。

1 風や熱を遮断して保温&遮熱効果をもたらすレスキューシート。1枚で毛布2枚分の効用がある

2 保温の際は、体温の発散率が高い手足の末端や頭部まですっぽりと覆うのがポイント

3 風陰で日の光が当たる暖かな場所で安静にする。軽度の場合は、温かな飲食物を与えてもいい

人は恒温動物で通常36度前後の体温を維持しているが、この症状になると体幹温度（皮膚温度ではなく、体の内部＝芯部＝内臓の温度）が急激に低下する。

症状は軽度、中度、重度と分けられており、重度になるにつれて生命への危険度が高くなり、重度での致死率はきわめて高い。いずれの場合でも、対応は積極的な加温（いきなり入浴させたり、強い暖房の中に入れるなどといったこと）よりも、保温と安静を図って自力回復を促すためにそれ以上体温を低下させないようにすることが重要である（加温については、特に中度、重度の場合は、専門的知識と施設を持った医療機関にゆだねるしか対応策はない）。

唇の色がわるい、震える、頻尿、思考錯乱、軽い言語障害（ろれつが回りにくい）、元気がなくなるなどが軽度の段階の症状であるが、しばしば寒冷環境の野外で活動を行なう多くの人に見られるごく普通の症状であるともいえる。しかし、これらの症状が見られたら、初期段階の低体温症を疑うべきであ

る。初期段階を見逃したり軽視すると、症状は急速に中度、重度と進行し、致命的な状態へと発展する。初期段階では、カロリーが高く吸収率のよい、たとえばチョコやホットミルク、天然甘味料の入った温かい飲み物を与えて、自力回復を手伝うことが功を奏す場合が多い。ただし、喫煙や飲酒は低体温症を助長させ、さらに状態を悪化させる元凶となるので絶対に禁止である。

初期段階の低体温症に対する対応としては、着衣がぬれていれば（低体温症を誘発する最大原因）まずぬれた衣服を乾いたものに着替えさせ、毛布やレスキューシートなどで体を覆って保温し、安静を保ち、前に述べた食べ物、飲み物を与えて熱代謝を促すことだ。

低体温症は、適度に休憩＆暖をとったり、きちんと食事をしたり（内部の熱源を絶やさない）、定期的に水分を補給する（内部熱源を燃やすための必須要件）ことによって予防できるものである。また、行動前日に深酒を避けるとか、睡眠を充分とる（いずれも、自力回復力を確保する基本条件）ことによっても予防できる。活動する環境に応じたウエアを着用するといった野外では常識的なことも含め、防ごうと思えば簡単に防げる症状だけに、特に予防に重きを置きたい症例である。

レスキューシートがなければ、予備の衣服を重ね着し、毛布やバスタオルなどで保温する

低体温症になった後の運動は禁忌。末端部の冷えた血液が循環してさらに体温を下げてしまう

血管を収縮拡張させるアルコール類やタバコ、カフェイン飲料などは絶対にダメ。症状が悪化する

熱中症（熱射病・日射病）──真夏の野原で急にめまいが

環境温度が体温よりも高く、体内のクーリング機能が追いつかない場合に起こりやすい。

1 熱中症が疑われる場合は即座に日陰の涼しい場所に移して安静にさせ、水分を補給させる

2 額や首筋をぬれタオルで冷やす。重篤な場合は、ホースやバケツで水をかけて冷やすことも必要

初期症状として、多量の汗、顔面の紅潮、めまい、頭痛、吐き気、筋肉のけいれんなどが挙げられる。熱疲労や熱射病といわれる状態である。症状が進行すると、逆に発汗が止まって、皮膚がかさかさし紅潮する。いわゆる日射病だ。重篤な状態では意識不明になり、死亡することもあるので、日射病が疑われる場合は即座に体を冷やして救急車を呼ぼう。

初めのうちは症状が軽く見えても、放っておくと重篤な状態になりかねないのですぐに処置をする。初期症状を発見したら、まずは木陰など直射日光を遮る涼しいところに移し、安静にさせながらぬれタオルを額や後頭部に当てるなどして体温を下げる。自力のクーリング作用「発汗」を促すよう、積極的に水分を補給させる。日射病の場合は、全身に水をかける、水風呂に入れるなどの急激で効果的なクーリングが必要な場合もある。

ただし、睡眠を充分にとる、食事を欠かさない、積極的に水分を摂取する、適度に休憩するなどで、熱中症は簡単に予防できるので、心掛けが肝心である。

毒虫——毒虫に刺された

吸血虫は、人の血液を吸うと同時に、自分の体内の毒成分を人の体に滲出させる。これがかゆみや痛み、重篤な場合は劇症アレルギーやショックの原因となるのである。

害虫に刺された場合の基本の処置は、毒を吸い出すことである。ただし、これは刺された直後に有効な処置で、刺されてから時間がたっていたり、かいてしまった後では功を奏しにくい。

毒を吸い出すいちばん簡単な方法は、ポイズンリムーバーを使うことである。刺し口や赤くなっている範囲（毒が回って炎症を起こしている部分）に合わせた吸い口を付け、刺された部分にポイズンリムーバーを押し当てて毒を吸い出す。ない場合は指で押し出してもよい。

その後消毒し、虫刺されの薬等を塗っておく。

もしも処置が遅れ、かゆみや痛みがひどかったり、腫れてきた場合は、薬を塗るとともに、クーリングを行なうと症状が緩和することがある。

1　毒成分吸引用のポイズンリムーバー（左）と、ダニはがし専用のティックリムーバー（右）

2　刺された部位の大きさに合ったノズルを付け、ピストンを押すことで吸引が始まる

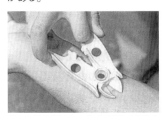

ダニの体を押すとスポイト効果で余分な体液が滲出するので、専用器具が必要

3　吸引力はかなり強力で、刺された直後の使用なら、毒成分排出に非常に効果的である

▶▶▶ ショック P.19

異物による気道閉塞 —— 食べ物がのどに詰まった

軽視されがちだが、陥ると致命的な場面へと展開するのが気道閉塞。食べ物や固形物などが詰まる事故だが、特になんでも口にする小さな子供には注意が必要だ。

1 一般的に人は気道が閉塞すると、のどをかきむしったり、胸を激しくたたくなどの行為を見せる

2 人前で吐くのを嫌がりトイレに駆け込む場合もあるので、声をかけその場にとどまらせよう

3 気道が完全に閉塞していたら腹部圧迫を行なう。背後に回り、圧迫点を探して手をあてがう

野外でのバーベキュー・パーティはこの上なく楽しいものだが、アルコールも回りおしゃべりも弾むそんな楽しいひとときが悪夢のようなトラブルに発展することもある。食べ物などが気道に詰まって呼吸ができなくなる、気道閉塞（チョーキング）である。

気道が何かでふさがれると、当然呼吸はできなくなり、1〜2分後には意識不明へと発展する。その後、心停止、脳細胞の死滅と進む。「たかが、食べ物がのどに詰まったぐらいで……」と侮るなかれ。チョーキングは何も野外に限って起こることではなく、日本でも毎年、特に年末年始には死亡事故が多数発生しているのだ。

気道閉塞に陥った場合、ぜーぜー、ひーひーと、わずかでも自力呼吸ができるようなら、そばに付き添って咳払いするようにアドバイスしながら観察しておく。もしまったく自力呼吸できないようなら、写真に示した方法と手順で異物の除去を試みる。理屈は、腹部に一定の方向で圧力をかけることによって内圧を高め、横隔膜を押し

上げ、肺内部の空気圧を上げて異物を外に押し出す具合だ。空気鉄砲の原理と同じである。これで除去できずに意識を失って倒れ心肺停止になった場合は、口腔内をチェックして異物を取り除き、CPR（人工心肺蘇生法）を行なう。

気道閉塞は、食べ物だけでなくペットボトルのキャップや硬貨、ビー玉などでも起きる。特になんでもすぐに口に入れてしまう幼児には充分注意しておくべきである。また、大人の場合でも食べ物は適度な大きさに切って食べるとか、飲食中の過度なアルコール摂取を避ける、おしゃべりに夢中になってはしゃぎすぎないなど、起こる前の予防にも気を配りたいものである。

なお妊婦や太った人で腹部を圧迫できない場合は、背後からCPRの胸部圧迫と同じポイントを圧迫して、異物の除去を試みる。

また、周りにだれもいない状況で自分自身が気道閉塞に陥った場合は、いすの背もたれやほうきの柄、机の角などを圧迫ポイントにあてがい、自分で体重をかけながら閉塞の解除を試みよう。

乳幼児が異物による気道閉塞に陥った場合は、救急車を待つ間、蹲踞の姿勢になった自分の太ももの上に子供の顔が下を向くように腹這いにし、背中を押したりたたいたりして異物の除去を試みる。

4 手は効率よくポイントを押すように組む。べったりではなく、ピンポイントで押す

5 あてがった手を巻き込み、上方斜め手前に引き上げるように押す。横隔膜を押し上げる感じ

6 空気鉄砲の原理を意識して、1回ずつ大きく確実にメリハリをつけて押すことが大事だ

7 数回試みても異物が出ず、そのまま意識がなくなったら、横にしてCPRを施す

▶▶▶ CPR（人工心肺蘇生法）P.20

搬送法——自力で動けない人を運ぶ方法

ケガをした人が歩けるとは限らない。むしろ歩けないほうが多いだろう。脊髄や頸椎、頭部にダメージがある場合は動かせないが、それ以外の場合で動かさなければならないときの搬送法を紹介しよう。

①四肢に骨折などがなく、おぶって運べる場合

寝ている人をひとりで背負う

1 意識レベルやケガの状況を確認し、動かしてもいいようならば、2 写真の位置で、相手の胸に自分の背中をつけるように寄り添って寝転び、まず足を交互に絡める。3 奥のほうの手を引っぱってきて相手の体を引き起こしつつ、カニバサミの要領で足をひねりながら、4 自分がうつぶせになると同時に背中に乗せてしまう。5 腰、腕の順に体を起こし、腰を痛めないように注意しながら、6 立ち上がる。7 相手の腕を交差させて、外側の手で内側の手を押さえるように保定する

ザックとステッキで簡易しょいこ を作ってひとりで運ぶ

1 60〜80cmぐらいの長さの丈夫なスティック（伸縮性のステッキなどが最適。雨傘なら2本をひとつにまとめるといい）に、ひざ裏に当たる部分のパッドとするための毛布などを巻く。2 空にしたザックのショルダーストラップを最長に伸ばす。3 毛布を巻いたスティックをストラップに通す。4 そのままザックを背負って、5 写真のようにケガ人を乗せておぶう。6 相手の腕を交差させ、外側の手で内側の手を押さえるように保定する。意識がないようなら、手を縛っておくと非常に安定する

意識がはっきりしている人 をふたりで運ぶ

騎馬戦の馬のようにふたりで腕を組んで、その上に乗ってもらう方法。腕の組み方にはいろいろあるが、そのなかのひとつを紹介しよう。1 写真のように井げた形にふたりで腕を組み、2 写真のように足を入れて乗ってもらう。もちろん、足を入れずに、組んだ腕の上に腰をかけるだけでもOKだ

43

②担架を作る

ウォーキングステッキを使って簡易担架を作る

ザックを使って簡易担架を作る

1 ステッキ2本を乗る人の体の幅よりも狭い幅にして置き、両端をテーピングテープなどでつなぐ。テープは二重三重に巻いておく。2 幅を一定に保ったまま、写真のようにテープをバイアス方向に貼っていく。中央部分にはループ状にしたロープやスリングなどを敷いて、グリップになるようにする。3 複数の人間で持ち上げて運ぶ。ステッキ間の幅が広すぎると荷重のすべてをテープが受けてちぎれるので、ステッキの幅とループ状のロープの長さが重要になる

1 空にしたザック（40〜70ℓぐらいの容量のものが使いやすい）を3つ縦に並べ、2 両端のザックのそれぞれのショルダーストラップをいったん外し、真ん中のザックのショルダーベルトに通してからもとのとおりにつなぐ。すべてのザックのショルダーベルトを最短になるように絞り込んで、3 その上に寝てもらって複数人で運ぶ。非常に持ちやすく、寝るほうもラクだ。悪路を行く場合は、ザックのウエストベルトで寝た人を固定するとさらに安定する

リカバリーポジション

ショック状態の人を寝かせたり、意識不明や意識レベルが低下している人を寝かせるときは、リカバリーポジション（安静体位または昏睡体位）をとらせるといい。意識不明に陥ると、全身の筋肉が弛緩することで舌の付け根筋肉も緩む。そのような状態であお向けに寝ていると、いわゆる舌根沈下の現象で自分の舌で気道をふさぐことになってしまう。しかしこの体位だと、舌根筋が緩んでも気道閉塞は起こさないのだ。あわせて、もし寝ている人が吐いたとしても、吐しゃ物がのどに詰まるということもない。もちろん、頭部や頸部、脊椎などに大きなダメージを受けている場合は動かしてはならないが、そうでなければ、意識不明や意識レベルが低い人、あるいは意識レベルが低下していく可能性がある場合は、このような体位をとらせるようにしよう。

この体位は、被害者へのファーストエイドを施すのが自分ひとりだけで、なおかつ被害者をひとりにしたままその場を離れなければならないような（たとえば救援を呼んだり、119番通報をしに別の場所へ行くような）状況で用いるといいだろう。

1　被害者の体が完全にうつぶせにならないようにひじとひざを支えになるように配置して腕枕にする

2　あごは少し上げぎみにして気道を完全に開放し、吐いても下に落ちるように顔をセットする

▶▶▶ ショック P.19　45

ファーストエイドキット

　野外で活動する場合、いざというときのためにファーストエイドキットを必ず用意しておこう。中身はここで紹介する物品を参考に、自分の行動パターンやフィールドに対応するものを選んでいけばいい。収納しておく容器は、なるべく完全密閉（防水）のものにしよう。

自分で選んだもので中身をそろえたファーストエイドキットの一例

外科系トラブルに対応するキット

テープ類
多用途に使えるテープは、粘着タイプ、非粘着タイプ、伸縮タイプなど、いろんなタイプを用意しよう

包帯・ガーゼ
止血に欠かせないのが滅菌ガーゼと包帯。ガーゼは大小、包帯はいろんな幅をなるべく大量に用意しておこう

三角巾
本来の用途以外にも、ガーゼや包帯の代わりにもなる三角巾は便利なもの。ぜひ2、3枚は用意しておきたい

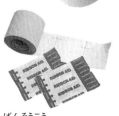

ばんそうこう
市販のガーゼ付きばんそうこう以外にも、それでは対応しきれない場合のために大きめのものも用意しよう

消毒液
感染予防のために消毒液は必需品。商品によって殺菌成分が異なるので、効用や用法は熟読して正しく使おう

手袋
ケアにあたってはセルフレスキューが鉄則。相手の血液や体液に直接触れないための手袋も用意しておきたい

ハサミ
ガーゼや包帯、場合によっては着衣を切るためのハサミも重要なアイテムだ。右のような医療用にデザインされたものなら、肌を傷つけずに使える形状になっているので、入手可能ならぜひこのタイプにしたい

プラスαのキット

レスキューシート
毛布2枚分の保温効果があるとされていて、遮熱と風よけ効果に優れる。小さくたたまれているので携帯にも便利

サムスプリント
これはファーストエイド用に作られた携帯用副木。広げて任意の形に折ると、患部に沿った形で硬くなる優れものだ

タオル
洗った手や患部周辺を拭くためのタオルは必要不可欠なものだが軽視されがち。新品のものをひとつ入れておこう

安全ピン
保定や固定などさまざまな用途に使える便利品。大小さまざまなタイプを数個用意しておけば、絶対に役に立つ

シップやスプレー
打撲、ねんざなどの局部の急速冷却にスプレーやシップ、熱中症や発熱のクーリングに冷却用シートなどもあると便利だ

ポイズンリムーバー
毒虫の毒成分を吸い出すポイズンリムーバー（左）とダニを無理なく皮膚からはがすティックリムーバー（右）

内科系トラブルに対応するキット

総合感冒剤
こりょあ風邪かな、と思ったら、本格的な症状が出てくる前に服用しよう。普段からの見慣れているものがベスト

解熱剤
急な発熱や頭痛、歯痛などのために、鎮痛・解熱剤も必須品。用法、用量をきちっと守って服用しよう

整腸剤
場所が変わったり飲み物や食べ物が変わるとおなかの調子がわるくなる人には、調整剤が必携品。自分に合ったものを携帯しよう

下痢止め薬
屋内のようにトイレが完備されていない野外での下痢はかなりつらいし大変だ。下痢止めは必須薬品のひとつ

便秘薬
長期のキャンプなどでは便秘になる人も多い。特に野外での用便に不慣れな人は用意しておこう

CPR、セルフレスキューに!

CPR時に不可欠なのが、手袋とマウスピース。いずれも自分の身を守るために絶対必要なのだ。マウスピースには逆止弁が付いていて、マウスツーマウスの際にこちらの息は吹き込めるが、相手の体液や吐しゃ物は入らないようになっている。

48 ▶▶▶ CPR（人口心肺蘇生法）P.20

市販のファーストエイドキットを利用する

アウトドアショップや海外の通信販売で買える既製品のキットも、なかなか有意義な内容だ。基本的なものはすべて入っている。ただし、内容物はいずれもミニマムだと考えておいたほうがいい。しかも

アウトドアショップで購入できるキットの一例

薬事法の関係で、薬局以外では販売できない決まりになっている内科系の薬品類は、アウトドアショップで買えるキットには含まれていないと考えておこう。だから市販のキットを使う場合は、これをベースに自分の行動パターンやこれから出かけるフィールドに特化したもの、また起こりうると想定されるトラブルに対処できる内容のアイテム、あるいは日ごろよく使っている薬品などを追加していくと理想的なキットが作れるはずだ。薬局を回って、あなただけのオリジナルキットを作ろう。

健康保険証も忘れずに

アウトドアには、ファーストエイドキットと一緒に病院に駆け込んだときに必要となる健康保険証も持って出かけよう。これがなければ万一病院にかかったとき、治療費や薬代は100%負担となってしまう。傷害保険などに加入してても保険証は必需品。傷害保険は通院や入院の日額を保証するもので、治療費には適用されない。治療費が傷害保険契約の日額を上回る

ケースが多く、その差額は自己負担になってしまう。いずれにせよ健康保険証があったほうが有利なのでぜひ持参しよう。現物が無理ならコピーでもいい。

少なくとも番号だけは控えておこう

命を救うAED

AEDとはAutomated External Defibrillatorの略で、日本語では自動体外式除細動器と呼ばれている。心肺停止（CPA）から蘇生を期待する場合、可能な限り短時間でCPR（人工呼吸と胸部圧迫による人工心肺蘇生術）と併用することで、これを使用しない場合と比べて効果が高いとされる機材だ。

映画のシーンなどでよく登場する「電気ショック」と同じ原理のものだが、この映画のイメージが強すぎるのか、AEDさえ使えば、止まった心臓が簡単に動き始めると誤解している人も少なくない。あるいは、CPRを行なわなくてもAEDで蘇生術が完結すると考える人も多い。しかしAEDは、正しく実施されるCPRと併用してこそ効果が期待できるものであることを知っていてほしい。

そもそもAEDは、心室の細動を除去するものである。それでは心室細動とは何か？　本来、心臓は一定のリズムで強く大きく脈動している。心停止するとこの脈動が止まるわけだが、そのとき心室が不規則で微細な細動（痙攣）を起こす場合がある。この細動をいったん完全に止め、CPR等によって正常な脈動を再開させやすくするのがAEDである。つまり、AEDは心室の動きをいったんリセットするためのものだ。

心室が細動しているかどうかはファーストエイドの段階では調べようもないが、AEDはそれを自動的に検知して、電気ショックを与えるか否かを機械的に指示してくれる。だから、AEDを取扱説明どおりにセットすれば、あとはアナウンスに従ってボタン操作を行なうだけでいい。

正しいCPRとAEDの実施。これがCPA（心肺停止）から家族や友人を蘇生させるために、救急現場に居合わせた発見者、同伴者ができうるもっとも有効な手段だ。

▶▶▶ 人工心肺蘇生法（CPR）P.20

第2章
キャンプ場周辺のトラブル

キャンプ場の特徴と危険エリ

国内のキャンプ場は、オートキャンプが可能なキャンプ場と、自分で歩いて荷物を背負っていかなければならないキャンプ場の主にふたつに分けられる。オートキャンプ場の事故でめだつのは、キャンプ用具の取り扱いの失敗による事故。ことにストーブやランタンはやけどや火災や一酸化炭素中毒を引き起こすこともあり、誤った使用はたいへん危険である。ストーブやランタンに限らず、どんなキャンプ用具でも購入後に自宅で使用してみて、取り扱いに慣れておくことが必要だ。

ア

　また、オートキャンプ場は比較的標高の低い場所に設けられているため、危険生物による被害も多数報告されている。ことに毒蛇やスズメバチやクマなどに襲われた場合は、ときに命を落としてしまうケースもあるので、何よりこれらの危険生物には遭遇しないように行動すること。そのほか、毒を持っているキノコや山菜、かぶれを引き起こす植物などにも充分に気をつけたい。

　一方、車の入れない山岳地のキャンプ場では、これらの危険要素のほか、後述する野山の危険にも注意を払わなければならない。すぐに救急車を呼ぶことができるオートキャンプ場に対し、場合によっては救出されるのに長い時間がかかってしまうのも山岳地のキャンプ場ならではのデメリット。そういう意味ではより慎重な行動が求められる。

引火・爆発——ストーブ、ランタンによる

ストーブとランタンはキャンプに必要不可欠なアイテムだが、ガスやガソリンなどの危険物を燃料とするため、取り扱いを誤ると引火・爆発事故を起こすことになる。

テントメーカーは、テント内での炊事を禁止事項としている。悪天候のときや冬季以外はテントの外で行なうこと

ランタンやストーブの周りにウエアなどを置かない。また、ウエアをストーブの上につるして干さない

燃料の補給は、必ず火を消してからテントの外で行なうこと

テント内でのストーブやランタンの取り扱いミスによる引火・爆発は、一瞬にしてテントが燃えてしまうことが多い。このため、テント内にいる者は逃げている暇などなく、重症の火傷を負ってしまうことになる。そうなったら手の施しようがないので、救助を要請したうえで応急手当をしておくしかない。

部分的な引火なら、ウエアやタオルなどで引火したものをつかみ、素早くテントの出入り口から外に放り投げて消火する。床が燃えているときはウエアなどを被せて消火に努める。テント内で火が燃え広がりそうな場合は、ためらうことなく外に避難しよう。テントの奥のほうにいる人は、ナイフでテントの生地を切り裂いて脱出する。

[回避策]

炊事は外で行なうのが原則。悪天時などやむをえない場合は、出入口付近で。ストーブの下には板を敷いて安定させ、周囲には余計なものを置かない。ストーブの上にガスランタンをつるすのは、爆発の危険があるので厳禁。

 ▶▶▶ やけど P.35、救助要請 P.164

一酸化炭素中毒──ストーブ、ランタンによる

テント内でストーブやランタンが不完全燃焼することによって起こる。知らず知らずのうちに一酸化炭素を吸引すると、意識不明に陥り、最悪の場合は命を落としてしまう。

テントの中でストーブやランタンを使用しているときに、頭痛や吐き気をもよおす、表情がうつろになる、反応が鈍くなる、口数が減る、などの症状が表れたときはかなり危険な状態になっている。すぐに出入口を全開にして外の空気を取り入れること。

意識がもうろうとしている場合は、すぐに風通しのいい場所に運び出し、保温に努めながら意識がはっきりしてくるのを待つ。改善しないようならできるだけ早く病院に運び込む。意識がない場合は早急に救助を要請して、心肺蘇生法を続けること。

[回避策]

炊事は外で行ない、ランタンは乾電池タイプのものを用いる。やむをえずテント内で使用するときは、ベンチレーターや出入口を開けて充分に換気を行なう。特に雨や雪のときはテント本体の通気性が低下するので要注意。ガスランタンの炎が暗くなってきたら酸欠ぎみになっている証拠なので、すぐに外の空気を取り入れること。就寝前にも充分に注意を払いたい。

テントの中で頭が締めつけられるような感じがしたら、一酸化炭素中毒の初期症状。ただちに換気を

雨や雪でテント本体がぬれると通気性が低下して一酸化炭素中毒を起こしやすくなる

ランタンを電池タイプのものに替えればリスクが少なくなる

▶▶▶ 心肺蘇生法 P.20

動物 ヒグマ、ツキノワグマ

ほとんどのクマは好んで人間を襲ったりしない。が、ばったり出くわしてしまったり、子グマを連れている親グマと遭遇したときなどは、必死になって襲いかかってくる。

ヒグマ／体長約2.2m。体毛は灰褐色または黒色。北海道の山地に分布。知床半島の海岸付近にも出没する。春から秋にかけて活動し、木の実やハチ、サケ、マスなどなんでも食べる雑食性。性格は荒っぽく、まれに人間を襲う。前肢の鋭い爪による打撃と咬傷で致命傷を負わせる

ツキノワグマ／体長約1.9m。本州と四国に分布。黒い体毛を持ち、胸の部分に三日月状の白斑がある（まれにない個体もいる）。山地の森林に生息し、木登りも得意。春から秋にかけてが活動期で、冬は樹木のうろや岩穴などに入って冬眠する。性格はヒグマに比べるとずっと穏やかだが、山岳地のキャンプ場などでは、食料を求めてテントを襲うこともある。やはり前肢の鋭い爪による打撃と咬傷で致命傷を負わせる

クマに出会ってしまったら、クマから視線を外さずにフリージング（動作を止めて凍りついたように動かなくなること）を。絶対に慌てて逃げ出そうとしないこと。背中を見せたり大声を出したりすると、襲いかかってくる。

攻撃してくる気配がなかったら、じりじり後ずさりをして、ゆっくりその場を離れる。攻撃してきた場合は、防御姿勢（顔と腹を守るために地面にうつ伏せになり、頸動脈を守るために両手を首の後ろで組んだ体勢）をとり、クマが立ち去るまでひたすら耐えるしかない。クマ撃退スプレーを持っているならば、ひるまずに応戦しよう。

[回避策]

クマに出会わないようにすることが第一。クマの出没エリアでは、携帯ラジオや鈴など人工的な音を出しながら行動する。森やヤブで「バキバキ」「ボキボキ」などという音がしたら要警戒。キャンプ時にはテント内に食料を保管せず、テントから離れた高い木につり下げておくか、携帯用の小型フードコンテナを利用する。

▶▶▶ 切り傷 P.22

動物 ニホンザル、イノシシ

ニホンザルは群れの中への侵入者に対して、イノシシは山中で子連れの親とばったり出会ってしまったときなどに攻撃を仕掛けてくる。

サルに周囲を取り囲まれてしまったら、背筋を伸ばして手足を大きく広げ、自分を大きく見せるようにする。逃げ出すのは禁物。そのようにサルを威嚇しながらジリジリと後退し、一定の安全距離を確保すれば攻撃を仕掛けてこなくなる。石を投げてサルを刺激するのはやめたほうがいい。

一方、イノシシに襲われたときには、木の上や岩の上に登って逃げるのがいちばんだ。

サルやイノシシに攻撃されて傷を負った場合は、止血、消毒をしたうえで、必ず医師の手当てを受ける。そのままにしておくと、細菌による二次感染を引き起こしてしまうこともある。

[回避策]

群れに近づくとサルは警告の鳴き声を発するので、鳴き声を耳にしたら不用意に近づかず、サルのほうから逃げていくまでその場で待つのがいい。

イノシシは、出会い頭の遭遇に要注意。茂みからガサガサという音が聞こえてきたら、ただちに木の上などに避難を。

ニホンザル／本州、四国、九州に分布。雄は体長55〜60cm、雌は雄よりもひと回り小さい。群れをつくり、主に山林で生活。近年はエサを求めて人里に姿を見せることも多い。20〜100頭ぐらいからなる群れはボスザルを頂点とする階級構造となっていて、団結力が強い。爪および鋭い犬歯で攻撃してくる

イノシシ／体長1.1〜1.8m。本州、四国、九州、沖縄の、標高1,000m以下の山地の森林に棲む。東北や北陸などの積雪地帯には生息しない。夜行性で、草や木の根、ミミズ、カエル、ヘビ、ネズミなどを食べる。攻撃するときは下あごの鋭い犬歯で相手を突く。脚を負傷させられることが多い

▶▶▶ 切り傷 P.22、止血 P.21

マムシ、ヤマカガシ、ハブ

動物

ニホンマムシとヤマカガシはおとなしいヘビなので、人間から手を出さない限り危害を加えられることはまずない。ただしハブは攻撃性が強いので注意が必要だ。

ニホンマムシ／動作は鈍いが、攻撃時は音もなく飛びかかる。毒牙は上あごのいちばん前、左右1本ずつ。毒の主成分は出血毒で、かまれるとひどく染みるような痛みと、かなりの腫れを生じる

ヤマカガシ／口内のいちばん奥に毒牙を持つ。毒は溶血性の猛毒で、赤血球を破壊して血液の凝固を妨げ、全身の皮下出血や脳内出血、腎不全などを引き起こす。首筋にも毒腺があり、不注意に首をつまむと、毒液を飛ばしてくる。これが目に入ると強度の炎症と激痛をもたらす

ハブ／奄美諸島、沖縄諸島に分布。性格は神経質で好戦的。近くを通っただけで、目にも止まらぬ早さで飛びかかってくる。毒牙は上あごに2本。かまれると局所炎症を起こし、強い痛みと腫れがある。毒にはタンパク質を分解する酵素が含まれているため、かまれた箇所の筋肉組織が壊死することも

その場でできる応急手当てはほとんどない。ポイズンリムーバーや口で毒を吸い出すのは、今日では奨励されていない。ナイフで傷口を開いて毒を出そうとするのもNGだ。

とにかく、できるだけ早く病院へ行って手当てを受けることである。ハブの場合は病院で抗毒血清を打ってもらう必要がある。

ヤマカガシは、1日以内に異常がなければ問題ないが、皮下出血、血尿、血便、歯ぐきや古傷からの出血などの症状が表れたら、病院で抗毒血清を打ってもらう。場合によっては大量の輸血や人工透析を行なわなければならない。毒液が目に入ったら、流水で洗い流してすぐに眼科で治療を。

[回避策]

草むらやヤブの中を歩くときには注意深く行動する。大きな岩の間などにはむやみに手を突っ込まないこと。ハブに関しては頭上の木の枝にも要注意。ヘビを見つけたときには50cm以内には近づかず、フリージングをして放っておけばヘビのほうから逃げていく。

▶▶▶ ポイズンリムーバー P.39、47　毒虫に刺された　P.39

虫 スズメバチ

野外の生物のなかで最も危険なのがスズメバチ。その被害は全国各地に及び、ハチ毒に対してアレルギーを持っている人が、国内では毎年20人前後、命を落としている。

ハチの毒は水に溶けやすいので、刺されたらすぐに傷口をもむようにしながら流水で洗い流す。傷口から毒液を絞り出すようにすると効果的。さらに抗ヒスタミン剤を含んだステロイド軟膏をたっぷり塗っておく。

ただし、ハチ毒に対してアレルギーを持っている人は「アナフィラキシー・ショック」に陥ってしまうことがある。全身の震え、嘔吐、ショック症状、意識不明などの症状が表れたら、エピペンを打つか、一刻も早く病院に運んで手当てを受けることだ。

[回避策]

まず巣に近づかないこと。うっかり近づくと、ハチはアゴをカチカチ鳴らしながら周囲を飛びまわって威嚇してくるので、ゆっくりその場から離れる。もしハチが襲ってきたら、全力で走って逃げよう。

ハチは黒いものに襲いかかる習性があるため、野外では黒っぽい服は避けたほうが無難。なお、ハチ毒アレルギーの検査は病院の皮膚科で受けられる。陽性の人はエピペンを処方してもらおう。

オオスズメバチ／日本最大種のスズメバチで、体長3〜4cm。これを含め国内には7種類のスズメバチ属が生息。都市部や人家周辺、平地、山麓、低山の雑木林などでよく見られる。刺されると激痛を感じ、痛みは時間の経過とともに増す。患部は熱を持ち、数分のうちに大きく腫れ上がる。なかには発熱する人も。働きバチが巣を拡大する初夏から秋にかけてが最も危険

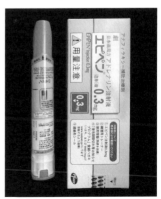

エピペンはアドレナリン自己注射薬のことで、アナフィラキシー・ショックの進行を一時的に緩和するための補助治療剤

▶▶▶ ショック症状 P.19　毒虫に刺された P.39

虫 ドクガ

幼虫も成虫も毒針毛を持ち、刺されるとひどいかゆみが長く続くのが
ドクガ。低山や山麓の雑木林、街の街路樹や垣根などに生息し、幼
虫・成虫ともに大発生することもある。

ドクガ（幼虫&成虫）／北海道から九州
にまで広く分布。体長は終齢幼虫で4
cm、成虫で開張2.5〜3.5cm。幼虫
は体全体に、成虫は尾端に毒針毛を持
ち、これが皮膚に刺さると強いかゆみが
起こる。患部は炎症を起こし、発疹が
現れジンマシンのように広がる。ひどいと
きには全身症状となる。かゆみは激しく、
2〜3週間続く

ドクガに触れてしまったときに
は、絶対にかいたりこすっ
たりしてはならない。流水で洗い
落とすか、セロハンテープを患部
に貼ってはがすかして、できるだ
け毒針毛を取り除くことだ。その
後に抗ヒスタミン剤を含むステロ
イド軟膏を塗っておくが、炎症が
ひどい場合は抗ヒスタミン剤を内
服する。

チャドクガ幼虫やマツカレハ幼
虫などの場合も同様に処置を行
なう。イラガ幼虫に関しては、抗
ヒスタミン剤を含むステロイド軟
膏を塗るだけでいい。

[回避策]

幼虫にしろ成虫にしろ、なにし
ろ触れないようにすることがいち
ばんの予防。野外ではなるべく肌
が露出しないウエアで行動するこ
とだ。キャンプ時にはテントの出
入口などにモスキートネットを用い
たい。成虫がランタンの明かりな
どに飛んできたときには、追いま
わしたりせずに、止まったところを
ぬれたティッシュペーパーなどで
捕まえてつぶし、そのままゴミ箱に
捨てる。

▶▶▶ 毒虫に刺された　P.39

虫 ヌカカ、ブユ、アブ

野外で忌み嫌われる吸血昆虫の代表格。いずれも刺されると激しいかゆみが生じ、ときに何週間も続く。人によってはアレルギー症状を起こすことも。

ヌカカとブユは、刺すときに痛み止めの物質を出す。このため、刺されても弱い痛みをチクリと感じる程度で、気づかないことのほうが多い。ただしアブは別で、瞬間的に強い痛みを感じる。

これらの吸血昆虫に刺されたときは、患部をギューッとつねるか前歯でかむようにして毒液を出してから、抗ヒスタミン剤を含んだステロイド軟膏を患部に塗っておく。アブやブユの場合、かゆみが激しいときは医師の診断を受けたうえで抗ヒスタミン剤を内服する。細菌による二次感染を防ぐため、汚れた指ではかかないように。かきすぎて患部を化膿させてしまうことも多いので、できるだけ我慢して、軟膏を塗ることで治すようにしたい。

[回避策]

野外では、なるべく皮膚が露出しないウエアを着て行動する。肌が露出している箇所や襟元、袖口の周辺には、あらかじめ虫よけ薬（ジメチルフタレートまたはジエチルトルアミド配合のもの）を塗っておくといい。

ヌカカ／体長1.3〜2mmの吸血昆虫で、防虫網や蚊帳の網の目もくぐり抜けてしまう。海上から山地までの広いエリアに生息。春〜秋にかけての薄明薄暮に活動。かゆみは1週間ほど続く

ブユ（ブヨ、ブト）／体長2.5〜3mm、ハエに似た吸血昆虫で、渓流や小川の周辺に多い。刺されてしばらくすると激しいかゆみが起こり、中央に小出血点が見られる丘疹が生じる

アブ／ハチに似た吸血昆虫で、体長は10〜30mm。小川、水田、沼などの湿地が発生源で、牧場や温泉周辺でもよく見られる。刺された瞬間に激しい痛みがあり、出血も伴う。患部は赤く腫れ、やがてかゆみが激しくなる

▶▶▶ 毒虫に刺された P.39

虫 ダニ、ツツガムシ、ヒル

人知れず忍び寄る野山の吸血生物。吸血されても気づかないことが多く、満腹するとしぜんに脱落する。ダニとツツガムシは重大病を媒介するので要注意。

シュルツェマダニ／体長約2mm。山林、ササヤブ、草地などに分布。動物の呼気に反応して吸着・吸血する。脱落後は痛みや違和感が生じ、患部が赤く腫れる。ときに頭痛や発熱や筋肉痛などを伴う。マダニ類は日本紅斑熱、ダニ媒介脳炎、ライム病、重症熱性血小板減少症候群（SFTS）などの感染症を媒介する。なかでも2011年に初めて特定されたSFTSは国内でも感染者が続出しており、死者も出ているので注意が必要だ

アカツツガムシ／ダニの一種で、人に吸着した幼虫がツツガムシ病を媒介する。寄生するのは幼虫で体長約0.2mm。刺されて10日ほどすると患部が潰瘍になり、発疹、発熱、倦怠感、食欲不振、頭痛、悪寒、リンパ節の腫れ、関節痛などの症状が出る

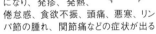

ヤマビル／体長約2cmで、伸びると5cmほどになる。陸生吸血種で、渓流沿いの山林、山麓や谷間の湿地、湿った草の上や樹木、雨あがりの山道などで多く見られる。人間や獣類の呼気に反応し、服や靴の中に入り込み、皮膚の柔らかいところを狙って吸着、吸血する

吸着して間もないダニは、ピンセットや指でつまめば簡単に取れる。その後、傷口を消毒して、抗ヒスタミン系のかゆみ止めを塗っておく。取りにくい場合は、皮膚科に行って切開除去する。

咬まれたあと、数週間程度は体調の変化に注意し、もし発熱や発疹などの症状が表れたときは、感染症の可能性があるので、すぐに医療機関に行って診察を受けること。

ヒルに吸血されたら、かゆみ止めの薬やアルコール類を付けるとコロッと落ちる。無理にひっぱてはがそうと、傷口の回復が遅くなるので、やってはならない。傷口を流水でよく洗い流した後は、抗ヒスタミン剤軟膏を塗り、ばんそうこうなどで圧迫止血する。

[回避策]

素肌の露出を抑えたウエアを着用し、露出部やウエアや靴に虫よけスプレーを散布しておくと、ある程度の予防効果がある。休憩時や行動終了後には、体やウエアをよくチェックすること。

植物 ウルシ、ハゼノキ

山菜採りやキノコ採りやハイキングなどでヤブをかき分けたとき、植物の毒成分が皮膚に触れてかぶれや炎症を引き起こす。よく知られているのがウルシの仲間だ。

ウルシの仲間が持つ毒成分は、ウルシオールやヒドロウルシオールなど。症状は個人差が大きいが、樹液が皮膚に触れるとかゆみを伴う炎症や水疱が生じ、のちに激痛に襲われることもある。また、ウルシ毒に対してアレルギーを持っている人は、体全体にかゆみや腫れが広がり、人によっては寝込んでしまうほどになる。

ここに紹介したほか、ハゼノキ、ノウルシ、ヌルデ、オニグルミ、センニンソウ、イチジク、ギンナンなども、かぶれや炎症を引き起こす。これらに触れてかゆみやかぶれが生じたら、かいたりこすったりせず、患部を流水で洗い、抗ヒスタミン剤入りの副腎皮質ホルモン軟膏を塗っておく。そのうえで早めに医師の治療を受けよう。

[回避策]

山菜採りやキノコ採りなどであらかじめヤブの中に入ることがわかっているときは、なるべく皮膚が露出しない完全防備の格好で出掛けること。事前に植物図鑑などを見て、かぶれる植物を見分けられるようにすることも必要。

ヤマウルシ／北海道から九州までの山地に分布する落葉低木。樹木全体に刺激毒を持つが、特に樹皮から分泌されるウルシオールが危険。触れると皮膚に炎症を起こす。そばを通ったり、燃やした煙が皮膚に触れたりしただけでかぶれる人も。通年危険

ツタウルシ／北海道から九州までの山野に生えるツル植物。特にブナ帯に多い。日当たりのいい場所でよく見られる。全体に強いウルシオールを持つ

植物 **山菜、キノコ**

山菜やキノコ狩りで注意しなければならないのが、毒成分を含んでいるもの。腹痛や嘔吐ぐらいで済んでいるうちはまだいいが、猛毒のものを誤食して死亡する例も少なくない。

食べてから症状が出るまでの時間は植物やキノコの種類によってまちまちだが、猛毒のトリカブトやドクツルタケなどを食べていると命を落としてしまうこともあるので、中毒症状が表れたときには一刻も早く医師の治療を受ける必要がある。

ただし、医者に行く前に食べたものを吐き出すこと。本来なら、食べて「おかしい」「変だ」と思った時点で吐き出すのが望ましいのだが、中毒症状が出てからでも、吐き出せるものはすべて吐き

ドクゼリ／湿地、沼や沢のほとりなどの水の中に生える。春先の若芽のときにセリと間違えられやすいが、セリよりも大型で、茎は中空で太い。草のすべての部位に猛毒がある。食後数時間で多量の嘔吐、腹痛、下痢、瞳孔拡大などの症状が見られ、次いで激しくけいれんし、最悪の場合は死に至る

ハシリドコロ／高さ30〜60cmほどで、山地の湿った樹林の下に生える。新芽のころにはおいしそうだが、草全体に猛毒があり、食べると腹痛、下痢、血便などの症状が出る。さらに瞳孔拡大、けいれん、心臓麻痺を引き起こすことも

トリカブト／山中のやや湿った林地に生える。高さ80cm〜1m。春先の新芽の出たころに、食用となるニリンソウの葉と間違えやすい。猛毒植物の代表格で、草全体、特に根と種子に毒がある。嘔吐、呼吸困難、舌の麻痺、次いで手足の麻痺を引き起こす。重症の場合は泡を噴き、瞳孔が拡大、呼吸麻痺に陥って死亡する

64 ▶▶▶レスキューシート P.47

出そう。もし自力で吐き出せないのなら、患者の口の中に指を突っ込み、のどの奥を刺激して無理やりにでも吐き出させる。1度だけではなく、水やぬるま湯を飲ませながら、何回も吐き出させるといい。

その後、シュラフや毛布やレスキューシートなどで全身を包んで病院に急行する。吐いたものや食べ残しがあれば、一緒に病院へ持っていく。これを分析して原因が特定できれば、より適切な治療が受けられる。

[回避策]

食べられないキノコや植物をしっかり覚えておくことだが、それには豊富な経験を要する。「これは大丈夫!」という自信があるもの以外は、いくら見かけがおいしそうであっても、絶対に口にしないことだ。図鑑でチェックするにしても、疑わしきものについては食べてはならない。

採ってきたものが食べられるかどうか、地元の詳しい人に聞いてみるという手もあるが、ときには地元の人でさえ誤食することもあるので、絶対ではない。

また、キノコ単体で食べるのなら問題ないが、酒を飲みながら食べると有毒になるものがあるので注意が必要だ。

ここで紹介したキノコや植物はほんの一例なので、専門の本でよく研究していただきたい。

ツキヨタケ／中毒事故がいちばん多い毒キノコ。ブナの枯木に多数群生する。食用のムキタケやヒラタケ、シイタケと間違えやすく、嘔吐、下痢、腹痛などの中毒症状が出る。死亡例はまれだ。茎を縦に裂くと断面に黒い斑紋があるので、これにより区別できる

イッポンシメジ（クサウラベニタケ）／全国の広葉樹林内に点々と群生している。食べられるウラベニホテイシメジとよく似ており、素人には見分けが難しく、中毒事故はツキヨタケに次いで2番目に多い。誤食すると嘔吐や下痢や腹痛が起こるが、通常は1、2日で回復する

ドクツルタケ／最も注意を要する猛毒キノコ。全国の雑木林、照葉樹林、山の針葉樹林、ブナ林などに1本ずつ散生する。全体が白く、茎の根元に袋状のつぼがあるのが特徴。食後6〜12時間で腹痛、嘔吐、下痢などが起こり、脱水症状、けいれん、昏睡状態を経て死に至る

植物 イラクサ、ノイバラ、タラノキ

ハイキングや山歩きのときに、不用意に草の上に腰を下ろしたりすると、植物のトゲが手などに刺さることがある。ここに挙げたほか、モミジイチゴやカラタチなどにも要注意。

イラクサ／本州から九州にかけての山林に分布する、高さ50cm～1mの多年草。林のへりやヤブ陰に多い。葉は卵形で縁に鋸歯がある。葉の表側、葉柄、茎に1～3mmの細長いトゲがあり、触れるとチクチクした痛みを感じ、ただれることも

ノイバラ／高さ約2mの落葉小灌木。全国の山地や河辺で見られる。枝にトゲがあり、うっかり触れると刺さったり皮膚を切ったりする。トゲに毒成分はないが、秋になる赤い果実には呼吸麻痺を引き起こす成分が含まれる

タラノキ／山菜の王者として知られる落葉低木で、春に出る若芽を食する。高さ3～4m、北海道から九州までの山地に分布。幹一面に大きく鋭いトゲがある。普通は葉柄や葉全体にもトゲがあるが、全体的にトゲの少ない変種も

刺さったトゲを取り除くときは、毛抜きを使う。5円または50円硬貨の穴を刺さったところにそっと押し当てると、取りやすくなる。小さいトゲの場合は、粘着テープを軽く当ててはがせば除去できる。その後、消毒液や抗生物質入りの軟膏を塗っておくこと。

ただし、なかには毒成分を含むトゲもあるので、痛みが消えなかったりただれたりする場合は医師の手当てを受けたほうがいい。

[回避策]

野山を歩くときは長袖シャツ、長ズボンを着て、なるべく皮膚の露出を少なくする。半袖はともかく、半ズボンは避けること。

また、足場のわるいところなどでは、不用意に木をつかんだりしない。軍手はトゲを通してしまうが、革製のグローブをしていると、ある程度はトゲよけの効果がある。

休憩時に腰を下ろすときや用をたすときには、周囲にトゲのある草木がないかよく確認する。

第3章
川と川辺の安全管理マニュアル

川の事故の要因と特徴

警察庁発表のデータによると、同じアウトドアでも、山に比べて水辺での事故のほうがはるかに多い。また、あるデータでは、小学生以下の子供の場合、不慮の事故のほとんどが、水に関係するという統計が明らかにされている。なぜ水難事故は、不慮の事故の原因として高い割合を占めてしまうのだろうか?

　山の場合、意図的に山に行かない限り、事故に遭遇することはまずありえない。つまり、山に行く人はそこにあるリスクを予見し、それを防ぐ努力を行なっているのだ。

　しかし水難の場合は状況が異なってくる。川や海で遊ぶという以外の目的でアウトドアに出かけても、好むと好まざるとにかかわらず水場はあちこちにあり、そこで被害に遭うケースが多くなる。つまり、出かけていく先に偶然現れる水場に対して、人々は事故を予見しない無防備な態度で臨むことになるのだ。

　ちなみに、カヌーやカヤック、釣りを行なう目的で意図的に「水場」に出向く人たちは、山岳同様、自己完結的セーフティ、セルフレスキューの意識が高い。特にカヌー、カヤックの場合は、業界全体が暗黙のうちにライフジャケット着用を義務づけるなど、事故予見、事故予防に積極的なため、パドラーによる水難死亡事故は、パドラー人口比率から見ると非常に少ないのである。

　水難事故の特徴は、ほかのフィールドでの事故に比べて、いったん発生してしまうとそれが致命的な事故に直結してしまう可能性が高いという点である。その要因として以下の点が考えられる。

①水の中では息ができない

　一般に水中で息を止めていられるのは1分程度。パニックぎみに暴れたりすると1分とはもたない。水没してしまうと、瞬間的に致命的な状況に陥ってしまう。

②総じて水は冷たい

　水は空気の25倍の熱伝達率を持っているといわれている。たとえば同じ10度の温度だとすれば、大気中なら25分生存可能な場合も、水中だと1分しかもたないということになる。

③息をするために泳ぐ。それが体温・体力を低下消耗させる

▶▶▶ 低体温症(ハイポサミア) P.36、川のメカニズムと危険エリア・水理現象 P.70

ライフジャケットなどの補助浮力がなければ息をするために泳ぐ必要がある。これによって必要以上に冷水に体がさらされ、体温を低下させ、あわせて低体温症に陥り、体力・身体機能が低下してしまう。

さらに流れのある川で事故に遭った場合は、次の悪要因も加わる。

④複雑な流れに翻弄される

川には表層面の動きだけではなく、内層において複雑な流れが発生している。なかには浮遊物を下へ下へと引き込んだり、ぐるぐる循環して浮遊物を一定箇所にとどめたりする水理現象もある。流れが強ければ、これらの水理現象に逆らって泳ぐことは不可能になる。

⑤水圧がある

もし流れの中の岩やコンクリートブロック、倒木の枝などに体が引っ掛かってしまったら、強烈な水圧に一気に捕捉されてしまう。この水圧は流れの速さの2乗倍に比例して強くなるため、一見して穏やかな流れでも、その中で何かに引っ掛かって止まってしまうと、自力脱出が困難なほどの水圧を受ける。

つまり陸上の場合なら、たとえばMTBで転倒しても、ほとんどの場合なら「アッ、ひざ小僧を擦りむいちゃった」で済むが、同じく転んで川に転落してしまった場合などは、その瞬間から「事故」に直結してしまう可能性が非常に高いというわけである。

以下、水難事故について、特に悪条件が重なる「流れのある川」の場合について、何が危険で、それを回避するためには何が必要なのかを解説する。

●平成23年夏期（6〜8月）における水難発生状況（全国）
　発生件数694件
　水難者数903人（このうち死者・行方不明者347人）
　＊このうち、中学生以下の子供のうち死者・行方不明者は35人

●平成23年夏期（7〜8月）における山岳遭難発生状況（全国）
　発生件数486件
　遭難者数570人（このうち死者・行方不明者61人）
　＊このうち40歳以上の中高年の死者・行方不明者は55人で、
　死者・行方不明者の76.8％を占める

（平成23年9月　警視庁生活安全局地域課調べ）

川のメカニズムと危険エリア

ここでは、われわれに危険をもたらす可能性がある川の物理的現象＝水理現象（ハイドローリック）や、川の危険エリアと危険物について具体的に見ていきたい。

❶水際のぬれた石や岩盤、コンクリート

水位の増減によってつねにぬれたり乾いたりを繰り返しているような場所は、ぬるぬるしたコケやぬめりが付着している。こういう場所で滑って転倒する事故が、じつは川におけるトラブルでいちばん多い。統計から見ると、水の上（または中）よりも、水際から5mエリアの陸上での事故がいちばん多い。滑ったときに手をつこうとして指を骨折したり、足首をねんざしたり、頭を打ったりしないよう注意したい。たとえそこが一見乾いていたとしても、ぬれた足やサンダルで踏み込むとコケの滑りがよみがえり、その瞬間にズルッと滑ってしまうので要注意だ

❷堰堤＆リサーキュレーション

堰堤とは砂防や貯水・取水の目的で設置された小型のダムのこと。ほとんどの堰堤は、堤の上から流れをオーバーフローさせているが、問題なのは堰堤そのものよりも、オーバーフローした流れが堰堤直下につくり出す循環流（リサーキュレーション）。勾配を流れ落ちた水が上流に向かって逆巻く流れとなり、そこでグルグルと巻き込む現象が起きる。リサーキュレーションにはまってしまうと、下に押し込まれたり浮上したりを繰り返しながら、同じ場所に延々ととどまってしまう。自力脱出は非常に難しく、致命的な事故になる。また救助も困難を極める。堰堤の上流部はせき止められた流れがプールをつくっていて、泳ぐ場所に最適に思えるし、堤の上は浅く子供などは遊び心からそこを歩いて渡河しがち。くれぐれも用心したい。ちなみに欧米では、堰堤をローヘッドダムと呼ぶが、一方で、「ドローニングマシーン（溺死製造機）」と形容する場合もある

❸反転流

岸が湾のように引き込んだ場所では、本流（上流から下流に向かう流れ）に地形が干渉し反転する流れができる。これを反転流と呼ぶ。反転流は本流に比べ静かでスピードも遅いため、反転流の中で「ここなら安全だ」とばかりに、子供に浮き輪を与えて遊ばせたりしがちだ。が、反転流は水平方向に循環するサーキュレーションである。ゆっくり流れながらいずれ本流に戻る。油断していると、浮き輪に乗ったまま子供がはるか下流へと運ばれてしまう可能性もある

❹取水口、魚道、用水路

堰堤の上流側は、流れがせき止められた天然のプールになっていることが多く、そういう場所で子供を遊ばせたりしがちだ。だが堰堤の岸詰めに、用水路または魚道などに流れを分岐させるための取水口などの施設がないかを充分に確認しておこう。そういう取水口の先は、たいてい暗渠（三面護岸にコンクリートなどのふたをしたトンネル）になっている。吸い込まれてしまうと致命的な事故になる

❺川に倒れこんだ木や竹（ストレーナー）

岸辺に生えていた木や竹が流れの中に倒れこんでいるような場所。こうした倒木は水中にも複雑に枝を張り巡らせており、水は素通りさせても固形物体（カヌーやゴムボート、人など）をザルのようにすくい止めてしまう。このような物体を一般的にストレーナー（濾し器）と総称する。もし泳いでいてストレーナーに引っ掛かると、そのまま水圧を受けて動けなくなってしまう。その状態で顔が水面下に沈んでしまうと致命的な事態となる。ちなみに、歩く程度の流速でも、かかる水圧は人程度の面積なら数十kg、カヌーなら数百kgの水圧を受ける

❻ブロック群

川がカーブしている場所では、流れはカーブの外側に集まる。つまりカーブでは外側が深くて流れが速く、内側はその逆となる。流れがカーブして水が直接崖などに当たる部分には、浸食を防ぐため流れのパワーを緩衝する立体構造の大きなコンクリートブロック（消波ブロックと呼ぶ）が多数積み上げられていることが多い。護岸のために敷設されているこのブロック群も、じつは倒木と同じストレーナーの一種

❶突き出た鉄筋

ヤナなどの漁労施設の撤去跡の鉄筋の残骸。川底から水面に向かって突き出た鉄筋は、遊泳者にとっては凶器となる。水面ギリギリに頭を出している場合は遠くから発見しにくいが、流れがその鉄筋によって分流されアップストリームVを形成していることが多いので、川からのシグナルを参考にして、早期発見、早期回避を心掛けよう

❸川底に沈む不法投棄物など

自転車や家電品など信じられないものから、大雨のときに流れ出した農機具や建築用具などまで、川底にはさまざまなものが沈んでいる。いずれにしても大きなものなら目で見てわかるが、ほとんどのものは半分川底に埋もれていて、一部が露出していたりする。特に恐ろしいのは、ロープ状のものの両端が埋まって一部がゲート状に出ているもの。存在に気づかずに泳いでいて脚などが引っ掛かると、水圧を受けて動けないエントラップ状態になる。足や体の一部が引っ掛かるエントラップは、致命的な事故に直結しやすく、救助も非常に難しいのでくれぐれも注意したい

❷遺棄された釣りバリ

川の中、川の上、河原と、どんな場所にもありうる。しかも発見しづらくて危険なものが釣りの仕掛けだ。特にアユ釣りやコイの吸い込み釣りの仕掛けは危険極まりない。ひとつの仕掛けに多数の釣りバリが付いているため、岩などに根掛かりして放置された場合、浅瀬を歩いて足に刺さることがある。釣りバリには「かえし」があり、現場の応急手当てでは簡単には抜けないので注意したい

 ▶▶▶ アップストリームV P.74

❹ヘリカルフロー

川筋がまっすぐで、ある程度の深さがあり、岩などの障害物が少ない流れの速い川では、岸近くにヘリカルフローと呼ばれる水理現象が発生する。水の自重と流体である性格から生まれる岸辺の水面に現れる現象で、川の中央に向かって浮遊物をさらっていく流れだ。特に平常よりも水位が高い増水期に顕著に現れ、岸に向かって泳いでも泳いでも反発する磁石の同極同士のように跳ねのけられてしまう

❺岩が多く流れのある浅瀬

ひざから腰ぐらいの水深でかつ流れがそこそこ速い場所では、泳いでいる途中に立とうとしたり水圧に逆らって無理に歩こうとすると、フットエントラップという事態に陥りやすい。これは川底の岩や遺棄物に足が引っ掛かったまま水圧を受けて動けなくなる現象で、川における死亡事故原因のなかで、非常に大きなシェアを占めているトラブルだ

❻フットエントラップメント

トラップというのは、小型の動物を捕まえるために仕掛けられる罠のこと。エントラップとは、そのような罠にかかってしまうことを意味する。川でいうフットエントラップとは、岩と岩の間や投棄されたゴミや川底のくぼみなどに足が捕捉されて動けなくなり、そのまま水圧を受けて自力では脱出できなくなることだ。上流にしか抜き上げられないので、レスキュー活動が非常に難しい。フットエントラップの防止策は、足がつきそうな浅いところで流れがある場合は不用意に立たないことだ

❼ボディエントラップメント

足ではなく、体や衣服（ライフジャケットの場合もある）が、倒れこんだ樹木の枝や投棄されたゴミなどの障害物に引っ掛かってその場に捕捉され、水圧を受けて動けなくなってしまうのがボディエントラップメント。助けに行っても同じ状態になる可能性が高く、救助が困難なトラブルとなる。こうなる可能性のあるストレーナーには絶対に近づかないことだ

❶エディー

流れが岩などを回り込むとき、岩の下流側にできる反転の渦をエディーと呼ぶ。岩によって進路を遮られた流れは、それを乗り越えられずに左右に分流させられ、岩の裏側がその周りに比べて水圧が低い状態になる。水は空気と同じ流体だから、高気圧から低気圧に向かって空気が流れ込むのと同じように、水も岩の裏側の低い部分に流れ込む。この流れ込む水が反転流となるわけだ。たとえば、勢いのある流れを漂流したような場合、岩の裏側にあるエディーに泳ぎ入ることができれば、そこで停止することも可能となる。それそのものが危険な存在ではないが、川の専門用語として知っておきたい言葉だ

❷エディーライン

エディーは低圧力の反転流だが、その反転流のすぐ脇には、上流から下流に向かう高圧力の本流（ダウンストリーム・カレント）が流れている。この両者の流れの境目がエディーラインである。岩の下流側に末広がりのライン（波やボイル＝底から湧き上がるような波）が2本発生している。ふたつの相反する流れがせめぎ合ってつくり出された筋だ

❸アップストリームV

アップストリームというのは上流という意味。上流に向かって頂点を置くようにV字形のライン（エディーラインと同じライン）が水面に形成されることがあるが、そのような状態がアップストリームVだ。この「川からのサイン」は、「Vの頂点のところに何かがある」という意味。何かとは、たとえば肉眼では発見しにくいような細い鉄筋の頭や、あるいは、水面直下にある岩など。いずれにせよ直接露呈してはいないが、そこだけピンポイントで浅くなっているというサインである。泳いでいたり、ボートに乗っているようなときにこれを発見した場合は、Vの頂点を避けるように進むと安全である

❹ダウンストリームV

ダウンストリームとは下流の意味で、アップストリームVのまったく逆のサイン。下流に向かってVの字を形成している波や泡のラインを発見した場合は、そのVの広がった両端には、「何かがある」というサインである。多くの場合、浅くなっていたり、岩が水面直下に沈んでいる。つまり下流側のVの頂点がいちばん深く流れは速いが、障害物のない部分ということになる。ボートに乗っていたり、ライフジャケットを着けて泳いでいる場合は、ダウンストリームVの頂点をめざしてルートをとるのがいい

▶▶▶ ストレーナー P.71

❺水制

川の流れを制御するために、人為的に構築または敷設される構造物をすべてひっくるめて水制と呼ぶ。消波ブロックもそのひとつだが、ほかにもそれと同じ働きを期待した金網（古くは竹網）に石を詰めた蛇籠と呼ばれるもの、クイを無数に打ち込んだもの、木材をテトラ型に組んだものなどなどがある。いずれも、治水的には必要なものだが、川で遊ぶ者、川を通行する者にはストレーナーとなる。大原則として、それらには近寄らないで、早め早めに回避しよう

❼アンダーカット

流れが直接当たる上流側の水面以下がオーバーハングしてえぐれた巨岩や壁のこと。通常の岩は流れが当たるとそれを遮るので、流れはクッション（ピロー）として盛り上がった後、岩を回り込むように流れてエディーとなる。しかしアンダーカットの場合は流れを遮るように押し戻さず、そのままハングの中に吸い込んでしまう。ボートや泳いでいる人がアンダーカットの岩や壁に近づくと、そのまま水面下に吸い込まれてしまう。たいていの場合、アンダーカットの中には、以前に流れてきた樹木やゴミが網のようになってとどまっているので、そこに吸い込まれたら、水面下でストレーナーにつかまるのと同じ状態になる。発見すらままならない致命的なトラブルに直結する。アンダーカットかどうかを知るヒントは、①流れが当たっている場所にピローがない。②岩の下流にエディーがなく、エディーラインがきわめて小さいか存在しないということ。一見してアンダーカットとわかるものはもちろん、その疑いがある場所には絶対に近づいてはならない

❻シーブ

人為的に積み上げた石垣ではないので、川の中に点在する岩はお互いが無秩序に重なり合って存在している。そんな岩と岩のすき間に水が流れ込んでストレーナーを形成している場合を、特にシーブ（スィブ）と呼んでいる。たいていの場合、入口は広く、中細りとなっており、入ったら中で引っ掛かって脱出不能となる。救出するには強力な水圧に逆らって上流側に引き出すしか方法はなく、しかも水没状態からの作業となり、困難を極める。もちろん、シーブに捕捉されたら生存の可能性は皆無に等しい

セーフティギア

ライフジャケット

水中では息ができない。あたりまえのことだが、これに対する準備をしている人は少ない。ライフジャケットは必須

カヌー、カヤックの世界では着用があたりまえになっているライフジャケット（救命胴衣、ライフベスト）は、最も初歩的で、最も効果的なセルフレスキューツールだ。これさえ着用しておけば、たとえ泳げなくても浮いていることが（つまり呼吸することが）できるし、泳ぐ場合も非常に有利。ストレーナーや岩などの障害物に絡まなければ、トラブル発生→即溺水という最悪の事態は回避できる。絶対安全とはいえないものの、不可欠なセーフティギアである。

オリンピック選手クラスの水泳の達人といえども、人の能力で川の水圧や流れのメカニズムに勝つことは絶対にできないので、泳げる泳げないにかかわらず、川ではライフジャケットが必須ギアなのである。

人間の体の部分でいちばん重いパーツは頭部。頭部が水面より上になければ呼吸はできないので、これを浮かせる能力がまず必要。さらに波にもまれたときの予備浮力としてプラス1〜2kgの浮力があれば、ライフジャケットの機能は満たされる。たとえば成人なら、頭部の重量はおよそ7kg。これに1〜2kgプラスした8〜9kgの浮力を備えたライフジャケットが適正となる。購入の目安にしていただきたい。

しかし装備されているファスナーやベルトをきちんと締めていなかったり、体にフィットしないサイズを着用している場合は、本来の機能を望めない。川に入った途端にずり上がってしまったり、脱げてしまうからだ。そうなっては、ライフジャケットの意味がない。正しい装備を正しく装着！

▶▶▶ 低体温症（ハイポサミア）P.36、ストレーナー P.71

が肝心だ。特に適正サイズや装着の具合のよしあしについて、小さな子供には理解しにくいもの。親や引率者がしっかりと確認してあげよう。

なぜプラスアルファーの浮力が必要か?
なぜ泳げる人でも必要か?

カヌー関係の川用語で、急流部分をホワイトウォーターという。カヌー、カヤック、ラフティングなど、リバースポーツ全般に通用する常套語句だ。逆巻く流れが白濁している様を言い表したもので、逆に淵のような波のない部分をブルーウォーターと呼ぶ。ところでホワイトウォーターが白濁しているのはなぜか? それは空気が含まれているからなのだ。ホワイトの正体は泡である。比率は40〜50%。なんと約半分が空気なのである。人の体は、肺に空気がある限り水よりも比重が軽い。プールで浮いていられるのはこのためだ。ライフジャケットを着用すれば、何もしなくても完全に肩から上が浮く。しかし約半分が空気で構成されるホワイトウォーターの中では、人はライフジャケットなしでは浮くことができないのである。ライフジャケットを着用していたとしても、その効用は半減してしまうのだ。しかも泡のマイナス効果だけでなく、複雑な流れのマイナス効果も川では加わる。水圧や複雑な流れは、人の力では抗し難いほど強い。これが泳ぎの達人でもライフジャケットが不可欠な理由で、浮力には成人の頭部を浮かせる7kgよりもプラス1〜2kg(急流の度合いが激しければそれ以上)のセーフティマージンが必要な理由である。

フットギア

日本の川ほど、あちこちにゴミが大量に投棄されている川はない。ゴミは、不法投棄された建設廃材、家電品、自転車、農業用具、工業用具など枚挙に暇がない。そのような目につくモノ以外にも、なかなか発見できないが確実にあるのが釣りバリなどの釣り用の仕掛けだ。いずれにしても、いくら清流とうたわれるような川でも、水中や河原には何があるかわからない。子供を素足で遊ばせるのは非常に危険。もちろん子供が清流ですっぱだかで裸足で遊べるような川を後世に残す努力はすべきだが……。だから、川で遊ぶ、泳ぐ、ボートを漕ぐ場合は、そういうゴミや釣り具でケガをしないよう、足元にも気を配りたい。

夏などはビーチサンダルで遊びがちだが、サンダルはすぐに流れてし

まうし、肌の露出が多いので危険。流されて脱げなければ裸足よりはマシといったところだろうが、流されては元も子もない。ケガ防止のためには、ぬらしてもいいスポーツシューズがおすすめだ。それも可能ならば、川底のゴミなどにひもが取られないよう、ひもなしのスリップオンタイプか、マジックテープでフィットさせるものがベター。リバースポーツに使うような専用のリバーシューズなら保温効果もあって完璧だが、高価ではある。サンダルならば、せめて流れにさらされて脱げてしまわないよう、甲や足首を固定できるストラップの付いたスポーツサンダルを着用しよう。

肌をカバーし、脱げにくいものを

ウエアリング

川で遊ぶということは、イコールぬれるということ。ぬれる可能性がある状況下では、季節を問わずコットン（木綿）製の衣服は避けたい。コットンは繊維自体の吸水性・保水性が高く、ぬれると水を含んでまとわりつき、しかも乾きにくい。ぬれたままの服を着ていると、冷たいことに加え、徐々に乾きながら気化熱でどんどん体温が奪われていく。結果、不快なだけでなく、低体温症（ハイポサミア）になる可能性も高くなってしまう。ドライな状態では快適なコットンも、ぬれる環境において適した素材ではない。

ぬれや低水温から体を守ることを念頭に置いたウエアを!

　おすすめの素材は、ポリプロピレンやポリエステル（それに類似するもの。メーカーによって呼び方が違う）のような繊維自体に吸水性がない化学繊維。天然素材なら同じような効用のウールで作られたウエアがいい。このような素材は、ぬれてもすぐに乾き、水を含みにくいので快適だ。体にまとわりつくこともない。そのほか、気温、水温ともに低い季節なら、ウエットスーツのような、陸上でももちろん、水の中でも保温効果の高いウエアの着用も必要である。水に入ることの多い遊びでは、ファッション性よりも機能に注目し、ウエアを一種のプロテクターと考えてチョイスするのが賢明だろう。

▶▶▶ 低体温症（ハイポサミア）P.36

ファーストレスポンスの具体的な方法

KISSというキーワード

レスキュー活動は、発生するシチュエーションに応じてケースバイケース。「この方法さえ知っていれば万全」というオールマイティな方法は存在しない。方法論は現場合わせである。だが合わせるための選択基準はある。その大前提となる規準は、「セルフレスキュー・ファースト」と「つねにシンプルに安全に」ということ。

救助が必要な現場に遭遇し、初期対応するならKISSというキーワードを考えてほしい。つまり「Keep it simple & Safety」（＝AKISと同義）ということだ。方法や考え方がシンプルであればあるほど、物事は早く完結し、しかも安全性が高い。逆に複雑になればなるほど多くの作業が必要になり、時間がかかるばかりでなく、ミスをする確率も増える。すなわち危険性が増す。とにかくシンプルに！ それがセルフレスキューと初期対応の成功への鍵となる。

リスクレベルを考慮して、つねにローリスクな方法を選択せよ!

初期対応を行なう場合、シンプルはもちろんだが、方法のリスクレベルにも気を配る。対応方法は状況に応じて無数といってもいいぐらいの選択肢があるが、その場の状況、持っている道具、自分の能力の限界、存在する危険性などを考え、どの方法を選択すべきかを導く。たとえばおぼれかけている人を発見したとき、いきなり飛び込んで泳いで助けに行くとする。行動パターンはシンプルだが、水中に飛び込むという行為のリスクレベルを冷静に考えるべきである。泳ぐ方向を指示して岸に導く、竿などを差し伸べてつかまらせる、何か浮くものを投げるなど、自分が陸上にいながらでもできうる対応法があるかもしれない。これがリスクレベルの考慮である。初期対応にあたっては、いろいろある方法から自分にとって最もリスクレベルの低い方法論からトライしていくことを心掛けておこう。

▶▶▶ セルフレスキュー・ファースト P.8、AKIS P.9

職業的水難救助従事者や、水難事故が一般に比べ卑近な存在であるパドラーを対象に、高度なリバーレスキュー・トレーニングを行なっているレスキュー3では、水難救助に以下のような段階を設定している。この段階は救助者の身に及ぶリスクを位相化したもので、番号が若いほど、救助する側に及ぶリスクが低くなるという目安。ただし、専門的訓練を受けてない人に可能なのはレベル3までだ。

リスクレベルの6段階

レベル1＝叫ぶ（声で指示する）

物理的なコンタクトをまったく行なわずにレスキュー活動を完結させる方法。たとえばおぼれかけた状態で半ばパニックに陥っている人がいたら、まずは岸から「こっちに向かって泳げ!」とか「あと2mで足がつくからがんばれ!」とか叫ぶ。本人がその指示に従えば、救助は完了。救助者は陸上にいるうえ道具も使わなくて済むので、及ぶリスクはゼロに近い。ただしこの方法が使えるのは、相手が指示に従える冷静さを持ち、かつ一定の泳力があること。実際にはまれな条件ではあるが。

レベル2＝モノを差し伸べる

おぼれかけている人に向かって、釣り竿や木の枝などを差し伸べ、岸に導く方法。この場合も救助者が陸上にいながら救助活動を行なえるのでリスクレベルは非常に低い。レベル1の場合と違って相手の泳力はそれほど問われないが、差し伸べるモノがあって、しかもそれが届く場所だけに有効な方法である。

レベル3＝ロープなどを投げる

おぼれかけている人に向かって、補助浮力として空のクーラーボックスやスローロープなどを投げること。スローロープとは救助用に作られた浮力のあるロープのこと。レベル2と違わないようにも思えるが、ロープ自体が持つリスク（絡まる可能性）や、投げることが棒のようなものよりもコントロール性に劣るということを考慮している。

レベル4＝ボートなどを漕いでいく

レベル3までの方法にはさまざまな前提条件がつく。たとえば差し出したり投げるものが届くこと、相手が多少泳げる、投げたロープをつかめるなどなど。だが実際のシチュエーションは、いつも救助者側にばかり有利とは限らない。相手に意識がなければ? 相手との距離が遠ければ? そうなれば救助者が水の上に出るぶんリスクはグンと上がるが、

ボートや舟を使って漕ぎ寄るしかない。ただし、現場にボートなどがあって初めてできる方法である。

レベル5＝泳いでアプローチする

　ボートがない場合で、それでも相手にコンタクトしに行かなければならない場合は、川を歩いていくか泳いでいくしかない。ボートと違って、今度は救助者も流れの中に入ることになる。つまり相手と自分が同じシチュエーションに置かれるわけで、いつ自分が被救助者になるとも限らないリスキーな段階である。自分が流された場合などを考えて、それを救助するバックアップ策とバックアップ要員が絶対必要で、それがかなわなければ選択できない方法だ。泳いで救助する方法は、一般的に非常に高度な訓練を受けた者でないと実際には実行すべきではないレベルだと思っておきたい。

レベル6＝泳いで引っぱって帰る

　もし泳いでアプローチしたのなら、今度は相手を引っぱりながら泳いで帰ってこなくてはならない。相手が泳げない場合やライフジャケットを着ていない場合、流れが激しい場合は、まず現実的には不可能なくらい救助者のリスクも高い。かなりの泳力が求められるのはもちろんだが、専門の訓練を受けトレーニングを重ねたスペシャリティが、完全なバックアップ態勢を整えて初めて行なえる方法だろう。

レベル **3**　専門的訓練を受けていない人にできる救助の限界である

レベル **4**　流れの中では、ボート・コントロール技術がなければ行なえない

レベル **5**　流れの知識を持ち、専門的な訓練を受けた人にだけ行なえる方法だ

レベル **6**　専門的な訓練を受けた人でも困難を極め、リスキーな方法である

スローロープ・レスキュー

ス ローロープ（スローバッグ）とは、浮力体が内蔵されたバッグに長さ15〜20m（直径8〜11mm）前後の水に浮くロープが収納されたもので、陸上から

15〜20mほどの水に浮くロープが袋に収納されたスローバッグ。アウトドアやカヌー＆カヤックショップで購入できる

1 漂流者が上流側斜め45度の位置に来たら大声で合図をし、アイコンタクトを維持する

2 漂流者の目前にロープが落ちるように投げる。アンダースローが投げやすいだろう

投げて漂流者を救うためのレスキューグッズ。

　レスキューする側が陸上にいながら漂流する者やスイマーをピックでき、リスクレベルを低くできる点が最大の特徴。しかも、ちょっとした知識とトレーニングで、だれでもすぐに活用できる。

　なお、スローロープ・レスキューは、リバーレスキュー用に開発された水に浮くロープを使わないと危険である。一般的なロープ（山岳用のザイルなど）は、川の中に沈んでしまい、川床にスタックしてかえって危険な状況をつくり出してしまう。くれぐれも注意したい。

投げる側の手順

①まず立ち位置を確認。ロープに漂流者がつかまってテンションがかかってもしっかりとふんばれ、しかもロープで導く先に危険なものがない場所に足場を確保する。バッグを利き手に持ち、バッグからロープの先を1〜2mほど出して反対の手でしっかりと握る。

②流れてくる相手が自分から見て上流側に斜め45度ぐらいの位置にきたら、大声で「ロープ投げるよ!」と叫ぶ。相手とアイコンタクトができたらバッグを投げる。投げ

▶▶▶ ホワイトウォーター・フローティングポジション P.86

方はアンダースローが最も投げやすい。重要なのは漂流者が確実にロープをつかむ位置に投げること。相手の真上にロープが落ちるのが理想的な落下ポイント。

③相手がロープにつかまったらすぐにテンションがかかるので、そのショックに備え、姿勢を低くして構えて自分が引きずり込まれないようにふんばる。流れが激しい場所なら後ろからだれかにビレイしてもらおう。

④流れが激しい場所では無理にロープを手繰ろうとせず（つかんでいる側の者が沈んでしまう）、ロープにテンションをかけてピンと張ったまま、振り子のようにして、下流の岸に引き込む。

受け取る側の手順

①ホワイトウォーター・フローティングポジションで流れ、「ロープ投げるよ!」の声が聞こえたら視線を向け、ロープを目で追う。

②ロープをつかんだら、ホワイトウォーター・フローティングポジションのまま、すぐにロープを飛んできた方向と反対側の肩に掛けるように回し、両手を胸の前に置いてロープをしっかりと握ってテンションに備える。

③②のように正しい位置でロープが確保できていれば、テンションがかかったときに体が自動的に水圧に押されるので、何もしなくても岸に導かれる。

3 テンションに耐えるように腰を落とし、振り子のようにして漂流者を岸に振り込む

確保するときにロープを腰や腕に巻きつけてはいけない。張力がかかるとすぐに外せなくて引き込まれてしまう

漂流者は、呼吸確保のためにあお向けになり、脱臼を防ぐためにワキを締め、ひじを曲げて両手でロープをつかむ

わるいつかみ方の例。うつぶせになると水圧で息ができないし、腕を伸ばすと肩を脱臼してしまうことがある

シャローウォーター・リバークロッシング

1 ひとりで歩く場合

パドルなどの丈夫なスティックを胸の前でしっかりと支え、上流に向かって三点支持の要領で立つ。前方と真下に体重をかけながら一歩ずつすり足で目標に向かって横歩きしていく

2 2〜3人以上で歩く場合

ライン・アスターン方式
1の状態の背後に、さらに人間が重なった状態。前の人が遮った流れに入る後ろの人はラクになるので、後方から前の人をサポートする。人間の前後の間隔は狭いほど効果がある

人を助けるために、あるいは自分が助かるために、場合によっては急な流れの中を歩いて川を横断しなければならないこともある。しかし、川の中、特に急流に入っていくということは、自分自身が遭難者と同じ状況下に置かれるということで、それなりにリスクが大きい。だからセルフレスキュー・ファーストという観点、またリスクレベルの考慮の原則からしても、川に入るということ以外の方法が選択できるなら、当然そちらから先に選択すべきだ。

ここで紹介する方法は、あくまでも自分にとってローレベルな方法が選択できず、やむをえず急流の中を歩かなければならない場合のものである。もちろん川の中に入っていくには、ライフジャケットの着用が必須前提条件となるし、歩いて救助に向かう場合は、万一足元をすくわれて流されたときのために、下流にスローロープなどを持ったバックアップ要員の設置が不可欠である。

いずれにしても、複数の人間による連携のとれたチームワークが必要な方法である。

流れの力に対抗する姿勢

水圧は、流れが2倍になると、その2乗倍に比例して強くなる。一見して穏やかと思える流れでも、そこに立ち止まろうとしたときに受ける水圧は半端な強さではない。これに対抗して川の中で立つ（歩く）には、第一に水圧に対抗するということが必要だ。次に流れを受けると、流体の物理現象として流れを受けた物体の上流側にはクッション（水が押し戻される状態）が生じる。このクッションは水面よりも盛り上がるため、物体を浮き上がらせようとする。だから川の中で立つ（歩く）には、上流からの水圧とともに浮き上がる力にも対抗しなくてはならない。

あわせて歩ける川の条件として、水深が股下までの深さで、流れの速さが時速6km（歩く速度よりやや速い）ぐらいまでが限度だと思っておこう。それ以上深ければ、ライフジャケットの浮力が働いて浮いてしまって立てなくなるし、それ以上の速さなら、どんなにスクラムを組んでも人の力では対抗しきれなくなってしまうからだ。

ちなみに、ここで紹介した方法は、それを行なうすべてのメンバーが隊形の組み方や流れに対抗するしくみを理解しておく必要がある。事前に講習会などでの訓練を受けておきたい。

ライン・アブリースト方式
3人が1本のスティックを媒介にしてつながり、流れと平行に並んで歩いていく方法。ほかの方法よりも進行方向が見えやすいが、引き返すときに後ろ向きになって歩くという欠点がある

トライアングル方式
スティックがないような場合は、このように三角形の隊形を組む。相互にライフジャケットの肩口をつかみ合って、下に押しつけるように力を加える。体格の大きな人が上流になるのがいい

3 3〜6人以上で歩く場合

ウエッジ方式
最前列がひとり、2列目がふたり、3列目が3人という具合に、多人数で上流に向かってくさび形にスクラムを組む。ほかのどのパターンよりも強力な隊形で、最後尾に被救助者を配置する

リバースイミングとフローティングポジション

川の中のさまざまな危険物は、救助者、被救助者の別にかかわらず、川に入った者に大なり小なり危険を及ぼすことになる。たとえばリサーキュレーション、ストレーナー……。それらのものに不用意に近づいたり捕捉されることを避けるために、救助者としても、そして自分が被救助者になった場合にも役立つ、川での安全な泳ぎ方、漂流のしかたと川の水圧を利用した泳ぎ方を覚えておきたい。ただし、いずれの方法もライフジャケットの着用が大前提となる。

1 ホワイトウォーター・フローティングポジション

急流を流されるときの基本姿勢。つま先とひざを水面から上げて、頭を上流側に向けて浮く。ライフジャケットがなくてはできない

フットエントラップメントを避けるための唯一最大の姿勢。特に水深がひざ上から腰までぐらいの速い流れの中を漂流するときにとるポジション。こうすると足先が川床に向かわないので、川にある岩や岩盤の割れ目、ゴミなどに足が引っ掛かる（フットエントラップメントと呼ぶ状態）可能性が少なくなる。

方法はいたって簡単。足を下流、頭を上流に向けて、水面にあお向けに浮かび、両足のつま先とひざを水面から上げるようにして流れる。この状態で、両手でバランスをとりながら体が反転しないようにする。もし前方から岩が近づいてきたら、両足で岩をキックして左右どちらかに逃れる。

▶▶▶ リサーキュレーション P.70、ストレーナー P.71、フットエントラップメント P.73

2 ディフェンシング・スイミング

　ホワイトウォーター・フローティングポジションで漂流したままだと、進路コントロールもできないまま延々と流れてしまう。これでは前方にストレーナーやリサーキュレーションなどがあった場合はひとたまりもない。そこで同じ姿勢のまま進路変更する（泳ぐ）必要が出てくる。進路の変更方法（泳ぎ方）は、ホワイトウォーター・フローティングポジションの状態で手と足を使うバック泳法。この状態で水圧がかかる方向を意識し、流れに押してもらいながら岸に向かうなど進路変更しよう。

1の姿勢のままバック泳法で泳ぐ。流れに対して体を45度ぐらい斜めにして、水圧に押される力を利用して横へ移動する泳ぎ方

3 アグレッシブ・スイミング

　漂流したり、漂流しながら進路変更するのではなく、積極的に流れの中を泳ぐ方法。ホワイトウォーター・フローティングポジションやディフェンシング・スイミングで急流部分を抜けて穏やかな場所にたどり着いたら、すかさずこの泳法で岸をめざして泳ぐ。このときも水圧の方向を意識して、それに押される力を利用しよう。泳ぎ方はクロールに似ているが、自分の位置や流れに対する体の角度を判断するために、顔はしっかりと水面に出しておくのがポイントである。

顔をしっかり水面から出してクロールする。流れに逆らわず、逆に流れに押されることを利用しながら目的地に向かう泳ぎ方

レスキュー講習会

川の安全、救助に関する安全講習

●川に学ぶ体験活動協議会（RAC）

川のリーダー講習会や子供のための川の安全教室などを開催。とくに子供のための安全教室は、ライフジャケットの意義や装着方法など、初歩的だがすぐに役立つ情報が実体験とともに提供される。

http://www.rac.gr.jp

●レスキュー3ジャパン

急流救助や洪水時の対応などを、消防救助隊のニーズにも合う高度な内容で提供している。救助隊員や川の専門家向けのスイフトウォーターレスキュー講習、一般や野外活動指導者向けのファーストレスポンダー講習などがある。

http://www.srs-j.co.jp

川以外の水にかかわる講習

●日本赤十字社

水の事故に対して、セルフレスキューを確立しながら救助し、応急手当を行なう技術と知識を身につけるプログラムを、約14時間のコースとして提供している。ほかにも、スキー場での事故防止および救助の方法を提供する雪上安全法のプログラムもある。

http://www.jrc.or.jp

ファーストエイドに関する講習

●MFAジャパン

CPRを含めたトータルなファーストエイド、AEDの操作方法などの講習を提供している民間団体で、各地、各業種に公認インストラクターを配している。プログラムは、成人用、小児用に分けられていたり、ニーズに応じてきめ細かく対応できるよう、多数、用意されている。

http://www.mfa-japan.com

●日本赤十字社

CPRや止血法など総合的なファーストエイド、AEDの操作方法などの講習プログラムを提供している。ファーストエイド以外にも、水上安全プログラム、雪上安全プログラムも用意されている。

http://www.jrc.or.jp

●救命講習

応急処置技能認定講習として、各地方自治体の消防本部、消防局によって実施されるCPRを中心にしたファーストエイド講習。基本的には無料で、テキスト代のみで受講できる。普通救命講習、上級救命講習などのプログラムがある。問い合わせは最寄りの消防署へ。

第4章
海と海辺の安全管理マニュアル

海の事故の要因と特徴

地球上の空間の中で、人類がまだその全容をつかみきっていない深遠なる空間が、海である。そこから生み出されるパワーは底知れず、まさに人知の及ばざることこの上ない。まだどのような生物がいるのかわかりきっていないし、パワーを生み出すメカニズムもいまだ解明されていない部分が多い。

海は、地球自体およびそこに棲むすべての生き物にとって欠かすことのできない存在であるが、反面、人にとっては脅威にもなる。人間にとって安全地帯である陸地から遠く離れた海の真っ只中で行なうマリンスポーツやダイビングといった遊びはもちろん、海水浴場やちょっとした磯場で遊ぶ程度のことでも、海の脅威の一端に触れることになる。

海で起こる事故の大半は、気象の急変に対応できなかったり、海のメカニズムを知らなかったというようなことが原因になっている。そのほか海に棲む生物のなかには、結果的にではあるが人に危害を与え生命の危機に陥れるものもある。メカニズムを知らないという点では、概要は知っているものの正確に理解していない、また軽視したり安易に考えているというものもある。たとえば川では、雨が降ると川の水位が急上昇するといったメカニズムがある。これはだれでも知っている常識的なことだ。だが、相変わらず増水した川の中州に取り残されるという事故はなくならない。これと同様に海には潮の干満という常識的なメカニズムがあるが、この常識的な現象も実際には軽視され、磯場に孤立してしまうというトラブルがあとを絶たない。いずれも知らなかったというよりも、ナメてかかって軽んじていたというのが真実だろうが、しかし、知らなかったでは済まされないことだ。

水の中で呼吸のできない人が安全に生活できる空間は陸である。海はさまざまな恩恵と楽しみを僕たちに与えてくれるが、無知なままに無防備なままに近づくと、逆に人間にとって大きな脅威となる非安全地帯でもある。もちろんこの非安全地帯で極力安全に行動し、楽しみを享受する術もある。ここではそんな海の遊びで事故に遭わないための初歩的なノウハウを展開していく。

海のメカニズムを
知ることから
始めよう

過去の海の事故事例を見てみると、原因として考えられるものの多くが海のメカニズムを軽視したがゆえに発生したもの、気象や海象が不良にもかかわらず無理をした結果に起こった事故、などがめだっている。また、特に夏場、飲酒酩酊状態で遊泳しての死亡事故や、集団で騒いでいて集団心理ゆえに蛮勇に走って起こした事故、遭難騒ぎも多い。いずれにしても、仕方がなかった……、避けきれなかったという類の事故というよりも、みすみす招いてしまった事故の割合が多いのに驚く。もちろん、まったくの不慮の事故、偶発事故もなくはないが、川や山における事故に比べて、気の緩みや蛮勇によって引き起こされる事故が多いのが海難事故の特徴である。

しかしこのことを逆から見れば、海という大自然に対して畏怖の念を持ち、そのメカニズムやパワーを把握して慎重に行動することで、海の事故はある程度防げるし、発生件数も減らすことができるということの証でもある。

海に入るとか、山に登るという行為は、自ら進んで選択する行為にほかならない。非日常的(=安全地帯ではない)空間に好んで身を置くのである。つまり「危険を承知で」という行為である。ならば、そこに存在するリスクをいかに減らす努力を行なうかが、自分自身のため、そして同行者のため、ひいては社会全体のためになることなのではないだろうか。以下、海というフィールドで安全かつ楽しい時間を過ごすための基本的な注意事項を項目別に追っていきたい。

海のメカニズムと危険エリア

海で安全快適に過ごし、その楽しみを享受するためには、まず海のことを理解することから始めよう。

[風]

風は気圧によって生じる。気圧には高い部分と低い部分があり、必ず高いところから低いところへと流れる（落ちる）。だが気圧間の空気の流れは直線的ではなく、地球の自転の影響で一定の曲線を描きながら（コリオリの法則）移動する。空気の曲線的な移動が、すなわち風だ。風は地表部で地形や建物に影響を受け、さらに複雑に曲げられたり向きを変えて吹く。気圧の高低差が大きければ大きいほど吹く風が強くなる。気圧配置ではなく、上昇気流によって吹く風もある。日中、太陽光線によって暖められた陸地から上昇気流が立ち上がり、海から陸へ向かって強い風が流れ込むことがある。

[波]

風によって発生したウネリが沿岸に伝わり、沿岸部や海底の地形の影響で変化したものが波。海底がゆっくりと長い距離をかけて均一に浅くなる場合、ウネリは徐々に小さくなり、パワーとスピードを落としながら上陸する。急に浅くなる場合は、かけ上がり地点で一気に大きな波を作る。陸地に当たった波やウネリは反射して、沖に向かって新たなウネリをつくり出す。これが沖からのウネリとぶつかると複合的な波を立ち上げる。双方の反射角度が違う角度を形成している場合、ぶつかり合った地点では先のとがった三角波が複雑に発生する。

[潮の干満]

潮の干満は、太陽と月の引力によって起こるといわれている。太陽と月と地球が一直線上に並ぶとき（新月・満月時）が、両者の引力が最大になる大潮で、潮の干満の差が最大値となる。また、大潮から次の大潮までの中間時点では、干満の差が最小値の小潮となる。干満と満潮の入れ替わるときに水面の上下変化が一時的に停止する状態が潮止まり。これら潮の干満によって生じる流れが潮流である。流れの向きや速さは地形の影響を大きく受け、陸地や島に挟まれたような狭い水路では流れが速くなり、部分的に渦を発生させたりする。

海上における危険

暗礁による波

水面直下に隠れている岩や、波の周期によって頭を出すような岩を暗礁という。暗礁にウネリが当たると、その部分に波が立ち上がる。このような場所や状態をブーマーと呼ぶことがあるが、ほか一面はウネリしかないのに、ブーマーの部分だけにいきなり爆発するような波が立つ。ブーマーでは急に水深が浅くなるので、立ち上がる波はダンパーぎみになり、シーカヤックやボートを簡単に転覆させてしまう

航路

海の上にも通路があり、船舶は港への出入りの際に通過するルートが決められている。いわゆる航路である。小さな漁港にも漁船の出入りなどがあり、遊泳やボート遊び時には注意したいものである。漁船などを含めた船舶は、キープライト（右側通行）が原則。お互いが対峙して通過するときには、必ず自分が右側になるように航行する決まりになっている。万一衝突しそうな場合は必ず右に回避する。だから漁港近くで漁船の往来が激しい場所では、漁船がどのようなラインで行動し、とっさの場合にはどのコースに動くかなどを知っておかないと、ボートなどで釣りをしていて漁船のじゃまをすることになったり、最悪の場合、衝突してしまうことにもなりかねない。船舶からは自分より小さいボートやシーカヤック、いわんや遊泳者などはきわめて発見しにくい存在。極力、船舶の通過ルートにはいないようにしたい

▶▶▶ ダンパー P.95

ビーチにおける危険

❶オフショアー

陸から海に向かって吹く風をオフショアーという。海で遊ぶ場合、特にゴムボートやシーカヤックなどに乗って遊ぶ場合は、オフショアーに要注意だ。基本的に沖に向かって吹き続ける強い風だから、押されて陸に戻ってこられなくなる可能性がある。なお波が立ち上がりやすいかけ上がりの海底では、波が風を受けて（はらんで）より高く立ち上がり、一気にブレークするダンパーになりやすい。波にたたきつけられたりブレークした波に巻かれやすくなるので、遊泳に関しても注意が必要

❷オンショアー

オフショアーと正反対の海から陸に向かって吹く風。沖から吹きつける風は海の表面にウネリをつくり、沿岸部で高い波が立つことがある。強い場合はボートなどをコントロールしにくくなり、波のぶつかる磯場に押しつけられるようなことも発生する。また、砂浜から飛んだ細かな砂が陸に吹き上げられるため、目を痛めたりしがちだ

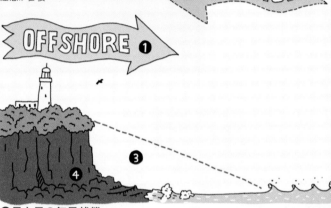

❸見た目の無風状態

オフショアーで特に注意したいのが、ビーチの背後が高台や断崖になっているような場所。高台の上を越えてきた風は直接ビーチには吹かず、沖に出ていることがある。ビーチでは無風かそれに近い状態、あるいは地形によってはオンショアーになっていることもある。ボートを漕ぎ出したはいいが、沖で強いオフショアーに吹かれると、そこから戻ってこられなくなることもある。また潮の干満の入れ替わりの潮止まりのように、風もオンショアーとオフショアーが入れ替わるときに一時的に無風になることがあるので、同様に注意したい

❹落石

背後が断崖になった小さなビーチは、なかなか人がアプローチできない場所だけに、プライベートビーチ感覚でくつろぎがちだ。しかしちょっと気を配ってほしいのが崖からの落石。海辺の断崖はつねに激しい波浪にさらされている。規模の大小に限らず、自然崩落は必ず発生している。風や紫外線を避けて岩棚の下あたりに陣取りがちだがくれぐれも落石には注意

❺リップカレント

波が打ち寄せてくるばかりに見えるビーチの波間に、帯のように沖に流れ出すカレント（潮流）が存在する場合がある。この流れをリップカレントと呼ぶ。大きなビーチでは1カ所だけでなく、何筋もあることも多い。表面的には明確にリップカレントとして見てわからないので、流れに乗って沖に出されてから慌てて気づくことが多い。リップカレントの幅は10m前後から400～500mの場合もあるが、自分がリップカレントに乗ってしまったと思ったらやみくもに岸に向かって泳いでも体力を消耗するだけなので、ビーチと平行に泳いでいったんカレントから抜け出ることを考えるのが賢明。視覚的にリップカレントを見つけ出すのは非常に難しいが、砂浜が沖に向かって突き出た場所、沖にリーフがある場合はそのすき間に向かうラインなどが、リップカレントの存在を示唆する目安となる

❼ダンパー

海岸線近くでそれまで深かった水深が急に浅くなるような場所で発生しやすいのがダンパーウエーブ。これは爆発するように一気に立ち上がった波で、トップが崩れ真下に向かってドンと崩れ落ちるようにブレークする。波が立ち上がるときには足元の流れが沖に向かって急激に逆流（バックラッシュ）するので、波に巻き込まれやすい。大きなダンパーに巻き込まれると、ものすごい衝撃があってしかもなかなか抜け出せなくなるので、一見平穏なビーチに見えてもダンパーウエーブが立つ場所では遊泳できないと考えよう

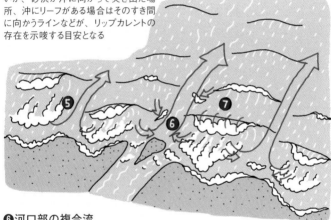

❻河口部の複合流

川が流れ込んでいる部分には、通常複雑な流れが発生している。川の流れはそのままリップカレントとなるうえ、川の流れと海の水との境目には、浮遊物を下に引き込む下降流が見られることも多い。また淡水と海水との浮力の差による干渉もあり、泳いで遊んだりするには危険が多すぎるポイントである。海水浴場やビーチでは、通常、ライフジャケットを着用せずに遊泳することが多いが、河口部の複合流発生ポイントは、川の急流部と同じと考えたほうがいいだろう

磯場における危険

❶滑りやすい岩場

磯場にはノリなどが付着していて、非常に滑りやすい。岩から岩に飛び乗った瞬間に滑って転んでしまう可能性が大だ。特に磯場には、岩に付着したフジツボ類やカメノテ、カキがあり、接触すると小さなケガも大ケガに発展する。しかもこれらの貝殻などによるケガは衛生面でも問題があり、欠片が傷の中に残りやすくてやっかいである

❷消波ブロック

川、海に限らず、水のパワーを緩衝するために設置されたブロック群。釣りなどではブロック群の上を伝って水際に近づこうとしがちだが、くれぐれもスリップには要注意。磯のような岩と違って、ブロックの表面は丸くなっていて滑りやすく、滑って落ちるとブロックのすき間にはまり込んで自力脱出できないまま人目につかない状態になる。満潮時に海水やしぶきを受ける部分にはノリが多く付着しており、特に滑りやすく危険だ

❸タイドプール

タイドプールとは磯場にできる潮だまりのこと。満潮のときに活動していた生物たちが、引き潮と同時にそのままとり残された形で存在していて、自然がつくり出した水族館といえるものだ。子供たちの遊び場としては最高の場所だが、ケガのもとになりやすいカキやフジツボなどの貝類や、刺胞や毒トゲを持った生物なども多い。足場も滑りやすく不安定。軽装のままでの遊びすぎによる日焼けや脱水症状なども起きやすい。また満潮になると水没してしまう場所でもある

満潮による孤立

干潮時に岩伝いに磯場に行ったはいいが、帰りにはルートが冠水して孤立してしまうというトラブルはけっこう多い。孤立するだけならまだしも、地形的な問題や大潮の満潮やさらに高潮（低気圧による水面の上昇。気圧の圧力が低くて全体的に水位が上がる）などの条件が重なると、波にさらわれることもある。回避策としては、潮汐表（釣り具屋さんなどでポケットサイズのものが入手可能）などを頼りに、今どういう潮回りなのか、満潮はいつかなどの情報を把握しておく必要がある。さらに潮が満ちると、どのあたりまで水が来るのかなど周囲を観察して知っておくことが重要だ

一発波

サーフィンなどでは「セット」と呼ぶが、いくつかの標準的な波（ウネリ）の中に、とりわけ大きな波（ウネリ）が混じってやってくることがある。昔から「千波に一波の大波」とか、一発波とか呼ばれている高波だ。当然このような一発波が来ると、通常のみぎわを大きく越えて波やウネリが襲ってくる。特に足場のわるい磯場では、逃げ遅れて波にのみ込まれてしまう可能性が高い。のみ込まれると引き波と同時に海にさらわれ、一瞬のうちに沖へと吐き出されてしまう。次の波で今度は磯場に打ち寄せられ岩場に打ちつけられたり、貝や岩の角で大ケガをしてしまう。磯場で貝拾いなどをしているときはつい手元に集中しがちだが、波の周期や水面の状況はつねに観察しておこう

潮汐情報

潮流や月齢、平均水面の季節変化などなど、全国規模の潮汐情報を詳しく知りたいなら、海上保安庁発行の『潮汐表』が役に立つ。なお、購入ほか潮汐に関する詳しい内容は、海上保安庁水路部内「海の相談室」（☎03-3541-4296）へ。

セーフティルール

海で安全に遊ぶためには、一にも二にもまず海のメカニズムを知っておくことが大切。この章の冒頭でも述べたとおり、海はけっして遊園地ではなく、人類にとって最も遠い存在、すなわちむき出しの自然である。そのような海を前にしたとき、僕たち人間はあまりにもひ弱で小さな存在である。そこで遊ぶためには、海のメカニズムや現場のコンディションを充分に把握し、自分たちの能力の範囲内で遊ぶのが最も重要なことである。

まずライフジャケットの着用を!

「海で泳ぐのにライフジャケット?」と思われるかたも多いと思うが、海であれ川であれ湖であれ、水の中で身を守る最も効果的で初歩的な用具がライフジャケットである。浮いていれば救助を待てるが、沈んでしまってはすべてが終わりである。

　リバースポーツではもはやあたりまえとなっているライフジャケットだが、海で遊ぶ人たちのライフジャケットに対する認識や需要は、川に比べてまだまだ低いようだ。しかし泳がなくてもしっかりと浮いていられることの重要性は、海水でも淡水でも流れがあってもなくても同じである。荒磯で釣りを楽しむ人たちも最近ではライフジャケットの着用率が格段に高くなっている。これは着用していないとイザというときの保険が下りないということもあるのだが、反面、海への最前線である磯場がそれだけ危険な要素を持っているということの表れでもある。釣り以外でもライフジャケットの着用を心掛けていただければ、事故の件数が激減するはずである。

ウエアリングを考えよう

　海水浴のついでに磯場で貝集め、よく目にするシーンである。だが水着一枚で磯場を徘徊するのはいただけない。磯場にはブユなども多く、フジツボ、カキなどケガのもとになる貝類もたくさんある。ましてや足元が不安定で滑りやすい場所でもある。泳ぐときにゴテゴテした衣類を着込むのはナンセンスだが、遊泳を終えて磯で遊ぶ場合は相応のプロテクションを考えたウエアに着替えたい。足元はビーチサンダルでは

▶▶▶ ライフジャケット P.76

※2018年2月からレジャーボートを使用するマリンスポーツのライフジャケット着用が義務化された。国交省の安全基準「桜マーク」から選ぼう。

もしものときに助けなければならない人はライフジャケット必須

目だって日焼けするからサングラス

首の日焼け防止はタオルや手ぬぐい

お水やジュースを携行しよう

もちろん帽子は必須アイテム

磯遊びにはグローブも必須

小供用のライフジャケットは股ベルト付きが条件

スポーツサンダルやウォーターモカシン

ズックや上履きなどでOK

なく、シューズやストラップで固定できるスポーツサンダルを着用する。寒い時期は、ウエットスーツなどのウエアも必須。海の中に入るダイビングなどでなくても、海に落ちてしまう可能性がある行動では、万一そうなっても救助を長時間待てるようウエットスーツなどの保温効果が高いウエアリングをしておこう。

こまめに水分補給を!

海辺や海の上では周囲が水だらけのために、視覚的な要因に影響され水分の補給を怠りがちになる。水分は代謝機能を円滑に維持するために不可欠なもので、摂取が不足するとさまざまな悪影響が身体に生じる。暑い時期なら熱中症、寒い時期はぬれた衣類を長時間着たままでいることなどによる低体温症などが顕著な例だ。予防のためにものどの渇きを感じる前に水分を定期的に補給するようにしたい。視覚的な要因でなかなか渇きを覚えないのだが、覚えたときにはかなりの脱水状態になっていることがあるので要注意。

▶▶▶ 熱中症 P.38、低体温症 P.36

紫外線の予防

　夏場は軽装になりがちなのが海だが、重症の日焼けで病院に運び込まれる若者が毎年あとを絶たない。紫外線による日焼けは立派なやけどで、軽視していると命取りにもなりかねない。過度な肌の露出は極力控え、日焼け止めクリームなどを適宜使用しよう。ただし強力な日焼け止めクリームを使用しているからといって、肌をさらしたまま長時間水分補給を怠った状態でいると容易に脱水状態や熱中症になってしまうので注意したい。また、目の網膜も紫外線から保護しておきたい。近年のオゾン層破壊の問題から、地域的に非常にたくさんの有害紫外線が降り注いでいることもある。紫外線からの網膜の保護はサングラスを掛けるのが最もてっとり早いが、UV（紫外線）カット機能の有無が重要。UVカット機能がない場合は、「まぶしさ」は軽減してくれるが、視界を暗くして瞳孔を広げたぶん、逆に多くの紫外線を網膜に取り込んでしまう。まぶしさと紫外線はイコールではないので、サングラスにはUVカット機能のものを選びたい。

《UVカット》の標示があるサングラスを使おう

鼻など日焼けしやすいところには《ジンクスティック》など部分的な予防もおすすめ。UVカットのリップもいい

アルコールの摂取はダメ

　海での活動に限ったことではないが、アルコールや薬物による酩酊は程度のいかんにかかわらず危険である。酩酊は運動機能を低下させる反面で気を大きくさせてしまって過度の積極性を発揮してしまい、限界を超えた行動になりがちである。身体機能的にも脱水状態や低体温症などになりやすくなるし、環境に対する対応能力が著しく低下する原因になる。特に暑い夏場のビーチでは、汗を噴きながらビールをグイッと行きたいところだが、それは休息時間に行ない、飲んだ後は充分な休養をとって体内からアルコールを抜いた後で活動を始めたい。

水中で足がつったら

筋肉がつるというのは、ふだんは伸縮を繰り返している筋肉が収縮したまま硬直し、元に戻らなくなって激しい痛みが生じる状態だ。背が立たない水中で足がつると、溺れてしまう危険もある。

日常生活においても、突然ふくらはぎや足の裏などの筋肉がつってしまうのはよくあることだ。しかし、海で泳いでいるとき、足がつかないような深い場所でそれが起こると、溺れそうになるのと痛みとで思わずパニックに陥ってしまいそうになる。

予防策としては、海に入る前に入念にストレッチングをして筋肉をほぐし、水分とミネラルを補給しておくといい。もし水中でふくらはぎがつってしまったら、充分に息を吸い込んでからダルマ浮きの体勢になり、つったほうの足を前に突き出して爪先をつかむ。そしてゆっくり反らしながら自分のほうに引き寄せ、ふくらはぎの筋肉を伸ばす。シュノーケリング中につってしまったときは、フィンの先のほうをつかんで同様にする。足の裏の場合は、５本の足の指を片手でいっしょにつかみ、手前に反らせて足の裏の筋肉を伸ばせばいい。

一度足がつってしまうと、同じ箇所がまたつることもあるので、海から上がってしばらく様子を見ること。つったところはマッサージをして保温し、ミネラルも補給しよう。

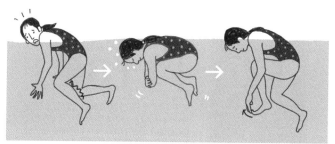

水中で足がつってしまっても慌てずに、まず息をたっぷり吸い込んで潜り、両手で両膝を抱え込んで、背中を上にした状態で浮く。これがダルマ浮きと呼ばれる体勢。つった方の爪先を手でつかみ、手前に引っ張って反らせると、ふくらはぎの筋肉が伸びて間もなく痛みがおさまる。力を入れすぎると筋肉を痛めるので、ゆっくり行なうこと

おぼれている人を発見したら

アナタが海で活動していて、仲間でも行きがかりの人でもいいのだが、おぼれそうになった人やおぼれている人を発見したら、アナタならどうするだろうか?「まずは飛び込んで泳いでいく」と答えた人は、もう一度、序章のところに戻っていただきたい。行動を起こすその前にいったん止まって、LASTのLから始めよう。そしてセルフレスキューが確保できるか、シンプルかつ安全に行動できるかを判断してから、次のアクションに移っていこう。

おぼれかけている人は、往々にしてパニック状態に陥っている。そんな状態の被害者に泳いでいって無造作にコンタクトすれば、がっちり抱きつかれてふたりとも助からない。まさにおぼれる人は

ワラをもつかむ思いなので、救助者はワラになってしまう。救助に際しては、ライフセーバーなどの専門的知識と訓練を積んだ人の応援を要請するとともに、陸上からできる救助方法をまずは考えよう。それでだめなら、ボートや船舶、ジェットスキー(レスキューボートとして非常に有効な存在)に救助を依頼するなどしよう。直接泳いでいく方法(コンタクトレスキューという)は、専門の知識とよほどの訓練を受けたもの以外には困難で非常にリスキー。安直に考えると二次災害のもとになる。どうしても泳いでアプローチするのなら、ライフジャケットやボードなどの浮力具を携えて接近し、それを投げ与えるなどして、ダイレクトにコンタクトしない方法を選ぶべきだ。

海難事故の緊急通報番号
「118番」

2000年の5月より海難事故の緊急通報番号「118番」が開始されている。船舶電話からは海上保安庁本庁に、一般電話や公衆電話、携帯電話、PHSからは全国11カ所の各海上保安庁保安部に通話料無料で接続される。

浮力具としては、身近にあるものを上手に活用しよう。海水浴につきものの浮き輪やビーチボール、ビーチマットは当然として、ペットボトルやクーラーボックも浮力具となる。ペットボトルは容量が大きいほどよく浮くが（1.5ℓのもの1、2本でも効果あり）、そのまま投げても届かないので、水を少し入れて投げるといい。クーラーボックスは蓋をしっかり閉めてから投げること。

大きなビニール袋があれば、空気を入れて口を縛る。バケツやヘルメットは、逆さまにして空気が逃げないように水面に浮かせて使う。ビニール袋の中にバケツを入れて口を縛れば、そのま

ま浮力具として使える。また、ウェアやタオルを入れて口を閉めたバックやザックなども水に浮くし、裾を結んで空気を入れたジーンズも浮き袋代わりになる。実際、海外ではジーズンに命を救われた事例も報告されている。そのほか、木の棒や板切れ、発泡スチロール、漂着ゴミの漁業用の浮きなども活用できる。

なお、浮力具を投げるときは、「投げるよ」と声を掛けたうえで、溺れている人に当たらないように注意しながら、手の届く範囲を目掛けて投げ入れること。ロープがあるなら、浮力具にロープを結んで投げ入れれば、溺れている人を引き寄せることができる。

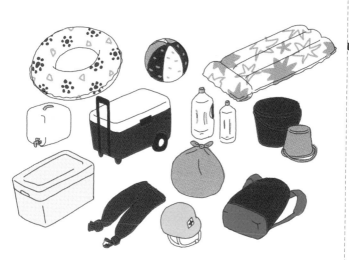

溺れている人を助けるためには、イラストのような身近にある浮力具を投げ入れる。なにが水に浮くのか、どうすれば水に浮くのか考えるのも大事なことだ

▶▶▶ スローロープ・レスキュー P.82

沖に流されたら

海で泳いでいるうちに、いつの間にか沖に流されてしまっても慌ててはならない。無理をせず、潮の流れに逆らわないようして浜に戻ろう。泳ぎに自信がなければ、背浮きをして救助を待つことだ。

海水浴やシュノーケリングを楽しむときに、注意しなければならない潮流のひとつがリップカレント（離岸流）だ。リップカレントとは岸から沖に向かって流れる強い潮流のことで、強い風によって海岸に打ち寄せられた波が沖へもどろうとするときに発生する。その速さは波の高さにもよるが、水泳のオリンピック選手でも流れに逆らって泳ぐのが困難なこともあり、海水浴中のリップカレントによる死亡事故は毎年のように発生している。

リップカレントに流されないようにするには、沖から岸に向かって強い風が吹いているときや波が高いときには海に入らないのがいちばん。もちろん、遊泳禁止となっている場所や発令時にも絶対に海に入ってはならない。

もし、泳いでいるときにリップカレントに流されてしまったら、慌てずにまずは気を落ち着かせること。パニックに陥り、流れ

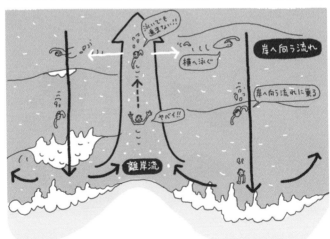

▶▶▶ リップカレント P.95

に逆らって岸に向かって闇雲に泳ごうとしても、途中で力尽きてしまう。そんなときは、流れに対して横方向に向かって泳ぐようにする。リップカレントの幅は通常10〜30m程度なので、間もなく脱出できるはずだ。沖に向かう流れを感じなくなったら、もうリップカレントから抜け出せているので、今度は岸に向かって泳いでいけばいい。

もし泳いで岸まで戻る自信がなければ、海面に浮いて救助を待とう。その技術が「背浮き」と呼ばれるものだ。背浮きとは、図のように仰向けの状態になって浮く方法で、呼吸をするための口と鼻が海面から出ているので、浮いたまま救助を待つことができる。ポイントはいくつかある

が、万歳をするように両腕を上に広げて足を開くこと、顎を上げること、息をたくさん吸い込むこと、お腹を突き出して背筋を伸ばすこと、など。助けを求めるために大声で叫ぶと、肺から空気が出ていって沈んでしまうので、やってはならない。

離岸流のない場所であっても、潮の流れる強さや方向によっては、いつしか沖に流されてしまうことがある。そんなときにも、焦らずに背浮きの状態になって、じっと救助を待つのが賢明だ。ただし、波が高かったり海が荒れていたりするときは背浮きの体勢を保つのが難しいので、コンディションが悪い海には近付かないにかぎる。

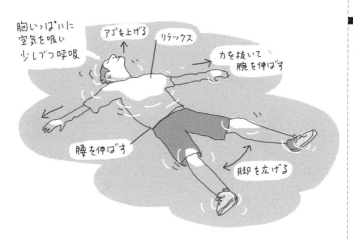

尾に毒トゲを持つ魚

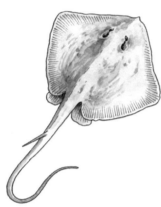

アカエイ
春から夏にかけて、やや深い海底や浅海に棲み、砂底に身を隠していることが多い。海水浴場の浜近くの砂の中にいることもある

ヒラタエイ
沿岸の海底に生息。春から夏にかけては浅海にも棲む。砂底に身を隠していることが多く、砂の中から目だけ出しているので発見しにくい

［症状］不用意に踏みつけたりすると、振った尾の中途についている毒トゲが触れてケガとなる。トゲは槍の刃状で周縁部はノコギリの歯のようにギザギザ。刺さると抜けにくい。場合によっては大きく深い傷になり激しく出血する。刺されると毒成分により傷の周辺部が変色して腫れ、激しく痛む。10分ほどでさらに激しい痛みに変わり、水疱ができることも。ひどいと血圧の低下、呼吸障害、下痢などが起こり、死亡する場合もある。死んだ固体でも毒成分は残っている。ヒラタエイも同様。
［対処法］可能な限り毒液を絞り出して、水道水などの清潔な水で充分に洗浄する。その後、止血処置をして早めに医療機関へ。エイのトゲの毒成分はいまだ解明されておらず、特殊な治療法はない。もともと好んで人を襲う生物ではないので、こちらの存在を知らせて相手に逃げさせることがいちばん。遠浅の砂地の海で砂の中に身を潜めていることが多いので、浅いからといって磯やボートから海に飛び降りるのを避けたり、海中を歩くときには大げさに擦り足をするといい。ヒラタエイも対処法は同様。

ヒレに毒トゲを持つ魚

ミノカサゴ
沿岸部の浅い海に生息している。磯、サンゴ礁などの中層部をゆっくりと遊泳している

オニダルマオコゼ
奄美大島以南の岩礁やサンゴ礁、浅い海に棲み、形、色ともに、海底の石ころに同化して見つけにくい

ゴンズイ
本州中部以南の海岸近くの磯や藻場の近くにいる。ナマズ目に属し、見た目はナマズにそっくりで、体の背面と側面に、頭から尾に向かって直線的なイエローストライプが入っている。夜行性

［症状］毒を持つトゲのある背ビレに触れ、毒が浸出すると激しく痛む。痛みは数時間続き、ひどい場合は、吐き気、関節痛、呼吸困難になり死亡する場合もある。

［対処法］トゲが皮膚に残った場合は静かに抜き取り、傷口を洗浄する。痛みが激しい場合や吐き気、関節痛、呼吸困難などの全身症状がある場合は、速やかに医療機関へ。痛みだけなら、熱めのお湯（50度前後）に1時間以上傷口を浸けるといい。

［症状］背びれに毒トゲがあり、刺されると激痛が走る。猛毒があり、痛みと同時に刺された部位から心臓に向かって激しいしびれが伴い、麻痺することがある。熱を持って腫れることもある。あまりの痛みに、失神することもあり、発汗、吐き気、下痢、けいれんが起こり、死亡のケースもある。

［対処法］毒成分を絞り出し、充分に洗浄して医療機関へ。

［症状］背びれと胸びれにそれぞれ毒トゲがあり、これに触れると激しい痛みと、やけどしたときのようなヒリヒリする痛みがだんだんと広範囲に広がっていく。まる2日ほど痛みが続き、傷口が腫れる。

［対処法］オニダルマオコゼと同じ。

毒を持つ貝

アンボイナガイ
紀伊半島以南の磯に棲む。貝類のなかで最も強い毒性を持ち、沖縄方面では猛毒ヘビになぞらえてハブガイと呼ばれることもある。イモガイ科

ムラサキアンボイナガイ
紀伊半島以南の浅い磯場に棲む

［症状］イモガイの仲間には多少なりとも毒トゲがあるが、アンボイナガイの毒はきわめて強力で、神経毒による致死率は20〜70%（6時間以内）といわれている。槍のように長く、鋭い歯舌歯を伸ばして刺すが、刺されると傷口周辺に紫斑ができて全身がしびれてくる。強い痛みを感じることもある。その後、約20分ほどで歩行不能となり、嘔吐やめまいののち意識不明に陥り、呼吸麻痺で死亡する。

［対処法］刺されたら、とにかく一刻も早く病院へ行く。応急処置としては、長く深く刺さった歯舌歯を抜き、刺された部位を切開して、ポイズンリムーバーなどで毒成分を吸い取る。夜行性なので、夜中に素足で海中に入ると踏みつけてしまい、その瞬間、刺されることもある。また貝拾いなどで、貝殻と間違って生きたイモガイをポケットに入れたままにしていて刺されるケースも少なくない。

［症状］アンボイナガイとほぼ同じで、激しく鋭く痛み、赤く腫れて水疱ができる。毒性はアンボイナガイほどではなく致命的ではないが、注意したい。

［対処法］アンボイナガイと同じ。一刻も早く医療機関へ。

刺胞に毒を持つクラゲ

カツオノエボシ
本州以南の沿岸部に棲み、8月下旬から10月上旬ごろにかけて岸に迫る。気胞体（傘）は海面、触手部は海中を浮遊する。夏の海水浴場などに現れ、各地で被害を出す。クラゲのなかではトップクラスの毒性を持つ

アンドンクラゲ
沖縄から北海道までの全域に生息し、8月から9月にかけて沿岸に漂着。海中を遊泳し、朝夕、また曇り空のときには海面近くに浮上する

アカクラゲ
沖縄から北海道までの全域に生息。春から初夏にかけて、沿岸部に漂着する、ごく普通に見られるクラゲ

[症状] 触手に刺されるとしびれるような激しい痛みを感じ、触れた部分全体が赤くミミズ腫れになる。頭痛、嘔吐、呼吸困難、筋肉けいれんを伴う場合もあり、ショック症状に陥ることもある。
[対処法] 刺胞とは触手についている小さな袋で、内部に針が仕込まれた柔らかいカプセルのようなもの。触れるとカプセルが破れ、針が皮膚に突き刺さり、毒液が浸入する。刺された部分を直接素手でこするとさらに深く刺さるので、タオルなどで軽く払うように取り除き、アルコールやお酢をかけ毒成分を中和させる。その後、急いで病院へ。ショック症状などが表れた場合は、一刻も早く病院へ。海面に浮かんでいる気胞体（傘）は直径10cm程度だが、触手は数mも漂っているため、存在に気づかずに触れてしまうことが多い。
[症状] 本体に比べて長い触手を4本持ち、すべてに刺胞がある。刺胞の毒性は強く、触れて刺されるとやけどのような激しい痛みを覚え、炎症を起こす。まれに嘔吐や発熱などの症状が出ることも。
[対処法] カツオノエボシと同じ
[症状][対処法] ともにアンドンクラゲと同じ。

▶▶▶ ショック症状 P.19

注意したい刺胞動物類

シロガヤ
本州以南のごく浅い海の磯、サンゴ礁に生息する。タイドプールにも群生している

クロガヤ
本州中部以南に生息する、高さ5cm程度のヒドロ虫（刺胞動物）群体

アナサンゴモドキ
沖縄以南に広く分布。枝幅5mm。二股分岐を繰り返して上方に成長する

［症状］カツオノエボシを形成している刺胞動物と同じヒドロ虫の集合体で、屋根をふくカヤに似ていることからこの名前がつく。触れると刺胞から針が射出されて刺さる。刺されるとやけどに似たヒリヒリした激しい痛みが襲い、しばらく続く。やがて患部が水ぶくれになり、快方に向かうにつれて痛みが激しいかゆみに変わり、これも長く続く。

［対処法］抗ヒスタミン剤を含んだステロイド軟膏を塗るといい。ただし、これは刺された直後のみ有効な処置。症状がひどい場合や痛みが治まらない場合は、すぐに病院へ行く。タイドプールや普通の磯場にもよく見られるものだが、一見して海に生えたシダ類のような感じで害がなさそうに見えるが、不用意に触らないこと。

［症状］［対処法］クロガヤ、アナサンゴモドキともにシロガヤと同じ。

毒トゲを持つウニやヒトデ

ガンガゼ
房総半島以南の浅い海のサンゴ礁や磯に棲む。タイドプールなどに普通にいて、食用のムラサキウニと間違えて触って刺されることが多い

オニヒトデ
本州南部以南から沖縄にかけてのサンゴ礁に生息し、群生しながらサンゴのポリプを食べている比較的大型のヒトデ

［症状］ムラサキウニに比べて細く長いトゲが無数にあり、刺さると先端部の毒腺から毒成分が浸出し、しびれるような激痛に襲われる。刺された部位は炎症を起こし、筋肉の麻痺や呼吸困難になることもある。トゲはストローのように中空構造で非常にもろく、抜こうとしたときに折れたり砕けたりして皮膚に残ることが多い。

［対処法］トゲは折れやすく体内に残りやすいので、現場であれこれいじらず早めに病院に行く。タイドプールや磯場を歩くときは足元をしっかりと固めておこう。

［症状］背面のトゲに毒があり、これに刺されると直後から痛みが襲い、腫れてしびれる。この痛みは徐々に広がっていく。傷口は化膿しやすく、まれに患部が壊死することもある。またリンパ節が腫れ、吐き気がする。死亡したケースもある。

［対処法］トゲを抜こうとしたときに折れて皮膚に残りやすいので、慎重にまっすぐ抜き、応急処置として50度前後のお湯に患部を浸けると痛みが緩和される。ただし、これは痛みを和らげるだけの応急的なもの。致死例もあるので、刺されたら早急に病院へ行く。

その他の危険生物

ヒョウモンダコ

[症状] 唾液の中に毒成分が混じっていて、かまれると口の渇き、

ヒョウモンダコ
相模湾以南の浅い海に棲み、磯やサンゴ礁のすき間、海底の岩陰などに潜んでいる小型のタコ。タイドプールにいることもある

ウミケムシ
本州中部以南の海底に棲んでいるが、夕方には海面に上がってきて表層面を泳ぐ。夜間には上陸して、浜辺を這いまわることもある

ダツ
小魚を捕食する非常に獰猛なフィッシュイーターで、小さな湾や海水浴場のような遠浅の入り江にも群れをなして入り込むことがある。1mを超える大きさにもなる

吐き気、運動機能麻痺、言語障害、全身麻痺、呼吸困難などの全身症状に陥る。毒はフグのものと同じ猛毒のテトロドトキシンで、2時間以内に死亡した例もある。
[対処法] タイドプールなどで見つけても触らないこと。かまれたら躊躇せずに病院へ急行する。

ウミケムシ

[症状] 全身に剛毛が生えていて、触ると皮膚に刺さり、ピリピリした痛みを生じる。剛毛は体内に残りやすく、放置しておくと炎症を引き起こすことがある。
[対処法] むやみにこすらず、ガムテープなどの粘着面を使って引きはがすように取り消毒する。抗ヒスタミン剤や副腎皮質ホルモン剤の軟膏を塗るのも効果的。

ダツ

[症状] 毒はないが口が大きく歯が鋭いので、かまれると大ケガをする。また餌を求め猛スピードで泳ぐため、遊泳中などにボディアタックされると大ケガとなる。海中で懐中電灯などを使用していると光源に向かって猛スピードでアタックしてくることがあるので、ダイビング中は特に注意。目に突き刺さったという事故例もある。
[対処法] かまれたり、アタックに

よってケガをした場合は速やかに消毒して止血する。小魚の群れを追っているダツは半ばパニック状態で猪突猛進するので、ダツのライズが見られたら、遊泳を控える。またダツが棲むことが確認されている海では、夜間、海中で光源を作らないようにする。

ウツボ

［症状］特に毒はないが口が大きくて歯が鋭いので、かまれると大ケガをする。いったんかまれるとなかなか放さない。大型のものになると、くわえたまま穴の中でふんばり、抜けなくなってしまう。

［対処法］速やかに傷口を消毒して止血する。スキンダイビングなどで、やたらと岩のすき間などに手を入れないようにしたい。

エラブウミヘビ

［症状］陸ヘビよりも強い毒を浸出する。毒は全身の筋肉を硬直させ、1〜2時間で麻痺状態におとしめる。話をしたり嚥下することもできなくなり、重篤な場合は呼吸機能不全で死亡する。

［対処法］陸上に棲む毒ヘビと違って口が小さく毒牙も小さいので、かまれにくいうえ人に対峙して襲ってくるようなことはまれだが、かまれたら一刻も早く病院へ。固体を特定できれば治療に有利なので、可能なら固体を持っていく。

マダラウミヘビ

［症状］全身の筋肉を麻痺させる

だけでなく、かまれた部分の周辺の筋肉を溶かすことがある。

［対処法］エラブウミヘビと同じ。

ウツボ
日本各地の浅い海に生息し、磯の岩穴やサンゴ礁のすき間、海底の岩の間などに潜みながら、潜んでいる穴の前に小魚やタコなどの餌が来たら顔を出し、ひとかみにする

エラブウミヘビ
沖縄近郊が主な生息地だが、まれに本州沿岸にも北上する。体長は大きなもので120cmにも達する。コブラ科に属し、コブラの10倍の猛毒を持っている

マダラウミヘビ
沖縄近郊が主な生息地だが、まれに本州沿岸にも北上する。体長は180cmにも達するヘビで、ハブの10倍以上の猛毒を持っている

海難救助の講習会

　ファーストエイドや水難救助と同様、海難救助に関する知識や技術を身につけるには、実際に体験してみることがいちばん効果がある。海難救助に関しても、講習会やインストラクター養成コースなどが、さまざまな組織によって開催されている。それぞれ基本的な内容は共通するものだが、それぞれに特徴もある。自分の目的やレベルに合った講習会を受講するのがいいだろう。

フィールドに出る前にぜひ講習を!

●NSCジャパン

http://www.nscjapan.com

アメリカングリンクロスの日本支部。人工心肺蘇生法（CPR）やファーストエイドの技術・知識をわかりやすく講義する

●DANジャパン

http://www.danjapan.gr.jp

人工心肺蘇生法（CPR）やDAN酸素供給法など、ダイビングをするうえで役に立つ技術・知識を中心に指導する

●Aii国際指導者連盟

http://www.aii.gr.jp/

ダイビングスクールほか、人工心肺蘇生法（CPR）やファーストエイドのインストラクターコースなどを定期的に開催

▶▶▶人工心肺蘇生法（CPR）P.20

第5章
山のトラブルと
回避策

山の事故の要因

近年の国内における山岳遭難事故の要因を見てみると、道迷い、転落・滑落、転倒、病気、疲労などが上位を占めている。が、これらのなかで、不可抗力による事故はほとんどないといっていい。昔も今も、野山で起こる事故の多くは当事者のミス、不注意、油断、過信、思い込みなどによって引き起こされているのである。

たとえば野山では現在地を確認しながら行動するのが原則であるが、事故要因のなかでもトップを占める道迷いは、それをしっかり行なっていればまず起こらない。転落・滑落や転倒も、岩場や岩稜や急斜面などの危険箇所でうっかりつまずいたり、ちょっとした注意を怠ったりすることで起こってしまう。病気については、日常生活の不摂生や自己の健康管理能力の欠損がその根底にある場合が多い。疲労にしても、自分の体力の過信や野山をアマク見てしまうことが引き金となって起こされる。

このように、野山で起こる事故の本当の要因は、当事者の心の中にある。どんなに世の中が便利になって道具が進歩しても、野山での

山では不注意や油断が命取りになる

事故を減らすことはできない。人の心にスキがあれば、事故は起こる。実際、遭難事故の発生件数は、もう20年以上も増加傾向にあり、遭難者数は約3倍以上に上っているのだ。

野山に限らず海であれ川であれ、自然の中で活動するときには一瞬の油断や不注意が命取りになってしまう。だから何より事故に遭わないようにすることが大事だ。そのためには心にスキをつくらないこと、それをひとりひとりが心掛けるだけで、野山の事故は間違いなく減少するはずである。

山の事故の特徴

野山で起こる事故の要因は当事者の心のスキにあると述べたが、と同時に、野山の地形的・環境的な特性が事故の間接的な要因にもなっている。

そのいちばんいい例が転倒だ。たとえば街で道を歩いているときにうっかり転んだとしても、たいていの場合はかすり傷程度で済む。ところが、登山コースの険しい岩場やせた稜線を歩いているときに転んだら、それは転落・滑落事故となって、重傷もしくは死亡という結果を招いてしまう。転倒どころか、ちょっと石につまずいてバランスを崩しただけでも、場合によっては命を落としてしまうこともある。それが山の怖いところだ。

街で道に迷っても、通りがかりの人に尋ねればだれかしらが正しい道を教えてくれるだろう。突如、激しい雷雨にみまわれたとしても、避難する場所は近くにいくらでもある。体の調子が優れないときやケガをしたときには、すぐに最寄りの病院に駆け込めばいい。

ところが、野山ではとてもそういうわけにはいかない。街では大したことではないのに、同じことが野山で起こると、いきなり生死に関わることになってしまうのだ。

しかも、地形的・環境的な制約から、その深刻な事態から抜け出すのがまた容易ではない。道路が通っているキャンプ場での事故ならすぐに救急車を呼ぶこともできるが、山歩きの最中のアクシデントとなると、往々にして救助隊やヘリコプターを要請しなければならなくなる。それも天候次第では、救助されるのに何日間もかかってしまう。

瀕死の重傷を負いながら救助を待ち続けるというのは、非常にツライ状況である。が、それが多くの野山の事故の実態だ。そういう意味では、万一事故に遭ったときには、精神力の強さが生死を分けるといっても過言ではない。

険しい場所では声をかけ合うことも大切

山の地形と危険エリア

山頂／転落・滑落・落雷
人が数人しか立てないような狭い岩山の山頂では、転落・滑落の危険がある。記念撮影するときにも注意が必要だ

やせた岩稜／転落・滑落・転倒
両側がスッパリと切れ落ちた稜線上では、バランスを崩すことによる転落・滑落事故が多発している

岩場／道迷い・転落・滑落・落石
通過に最も注意を要する箇所。鎖やハシゴが設けられているところもある。三点支持を基本に

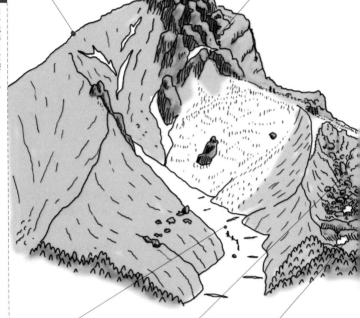

雪渓／道迷い・滑落・落石・リングワンデルング
ガスや悪天候などで見通しがわるいと道迷いやリングワンデルングに陥りやすい。落石も音がしないので要注意

ガレ場／道迷い・転倒・滑落・落石
石や岩が堆積した場所で、歩きにくく落石を起こしやすい。浮石に乗るとねんざや骨折の危険も

火山地帯／火山ガス
噴煙や硫黄臭などで認識できるが、無臭のものもあるので気は抜けない。過去の事故例を要チェック

山は、一般に標高が高くなればなるほど地形は険しく、自然環境も厳しくなってくる。当然、低い山よりも高い山のほうが危険要素や危険エリアも増えてくるわけで、より慎重さが求められるようになる。ただし、だからといって低い山をアマく見てはならない。食中毒を起こすキノコや植物、人に害を及ぼす危険生物は、どちらかというと標高の低い野山に多く、また道迷いや滑落、転倒など標高の高低に関係なく起こるアクシデントも少なくないからだ。

山小屋
野山でいちばん安全な場所。雷や悪天候時にはここに避難を。ただし事前に営業期間を確認のこと

広い尾根／道迷い・リングワンデルング
見通しがきかないときに道に迷いやすい。読図とルート・ファインディングを確実に行ないたい

キャンプ場
ストーブやランタンなど火の取り扱いはくれぐれも慎重に。吸血生物やクマなどの対策も万全に

草原／危険生物・リングワンデルング
変化のない場所では、悪天候時にリングワンデルングの危険が。ダニやヒルの対策も万全に

樹林帯／危険生物・道迷い
ルートが明瞭ではないところで道に迷う恐れあり。イノシシ、クマ、サルなどにも要注意

＊天候の急変・バテ・疾病・パーティトラブル・靴擦れ・登山道具のトラブルについては、全エリアで注意が必要だ

道迷い

近年の山岳遭難事故のなかで、最も多い要因が道迷い。ちょっとした油断から山中で道に迷ってしまった揚げ句、無理して行動して崖から転落死、体力を使い果たして低体温症で死亡、あるいはずっと行方不明になったままというケースも少なくない。

GPSは見通しの効かない状況下で威力を発揮するナビゲーションツール。事前に使い方に精通しておくこと。バッテリー切れにも要注意

道に迷ったときに現在地を確認するには、コンパスで方向を定め、尾根上や小ピーク、樹林の途切れた箇所、木の上など、なるべく見通しのいい場所から、地図と見比べながら周囲の景色をよく観察する。ただし木の上などに登るときは落ちないように要注意

山で道に迷ってしまったときには、たどってきた道を引き返すのが鉄則だ。途中までは正しいルートを歩いてきているはずなのだから、来た道を戻ればおのずとどこかで正しいルートに出る。

引き返す決断は早ければ早いほどいい。「あれ、なんかおかしいな」と思った時点で引き返すのがベストだ。

もし引き返すルートがわからなくなってしまった場合は、現在地を確認することが最優先となる。あやふやな記憶を頼りにいたずらに動きまわるのは、ますます混迷度を深めるばかりか、体力も無駄に消耗してしまう。

現在地を確認するには、見通しのいい場所に出て周囲の地形をよく観察し、地図とコンパスを駆使して、自分が地図上のどこにいるのかを特定することだ。

悪天候やガスなどで視界がわるい場合は、見通しがきくようになるのを待とう。現在地が判明したら、地図とコンパスを見ながら正しいルートに戻ればいい。

▶▶▶ 救助要請　P.164

しかし、それでも現在地がわからない場合は、なんとかして自力下山を試みなければならない。その際には、まずはなるべく気持ちを落ち着かせること。精神的に追い込まれた状態では、冷静な判断が下せなくなってしまう。

また、沢を下ろうとするのはタブー。なにはともあれ尾根に出るようにすることだ。国内の山では、尾根筋通しに一般の登山ルートや作業道がつけられていることが多いので、それを見つけるのがいちばんの安全策である。

もしどうしても自力下山ができないときは救助を要請することになる。携帯電話などの連絡手段があるなら110番通報するが、通信手段がなかったり通話圏外だったりするときは、救助が来てくれるのを待たなければならない。そのためにも、万一に備えて必ず登山届を提出しておくこと。

[回避策]

こまめに現在地を確認しながら行動していれば、正しいルートをたどっていることを絶えずチェックすることになるので、道に迷う心配はまずない。見通しのいい場所に出たときや休憩時などには、地図とコンパスを取り出して必ず現在地を確認しよう。また、分岐点などでちょっとでも「怪しいな」と思ったときにも要チェックだ。

地図とコンパスに加えて高度計があると、現在地の確認が容易になる。高度計、気圧計、温度計、方位計を搭載したリストウォッチが登山には便利

スマートフォンに地図アプリを入れておくと、GPS機能によって現在地が地形図上に表示される。ハンディGPSよりも操作が簡単で、誰でも容易に扱えて便利だ。ただし、事前に地図をキャッシュ（ダウンロード）しておく必要がある。また、バッテリーの消耗にも要注意。機内モードにしておくといい

道に迷うと、ヤブをこいで尾根に出るよりは、開けた沢を下りたくなるもの。しかし、沢はいずれ険しくなり、滝も現れる。それを無理に下ろうとして転滑落死するというのが、道迷いによる死亡事故の典型的なパターンだ

天候の急変

山の天気は変わりやすい。つい小1時間ほど前には晴れていたのに、アッという間に雲が湧き上がってきて激しい雨が降りだすことは珍しくない。また、標高2,000m以上の山では、春や秋の季節外れの降雪による低体温症事故も多発している。

雨が降ってきたら、服がぬれてしまわないうちに早めに雨具を着ること

雨具は、雨ぶたやザックの上のほうなどすぐ取り出せるところに入れておく

低体温症を防ぐため、春秋の山行時には、吸湿・速乾性に優れた素材のアンダーウエアを着用したい

野山で急に雨が降りだしたら、すぐに雨具を着ること。雨がそれほど激しくない場合は、ザックから雨具を出すのが面倒なので、そのまま歩き続けてしまう人も多いようだが、服がぬれてしまうと体温が奪われ、低体温症に陥ってしまうこともある。くれぐれも雨具を着るタイミングを見誤らないように。

激しい雨の中では、道迷いや転落・滑落などほかの事故を引き起こしやすくなるので、より慎重な行動が要求される。最寄りの山小屋や、雨をしのげる岩陰などがあるのなら、そこで雨脚が弱まるのを待ったほうが得策だ。

天候の急変の中でも、いちばん怖いのが春と秋の降雪。下界では暖かく過ごしやすいこの季節、寒冷前線や低気圧の通過などによってひとたび天候が崩れると、山はいきなり真冬と同じ状況になってしまう。特に標高2,000m以上の山では、ゴールデンウイークや体育の日の連休時、大雪にみまわれることも珍しくはない。この

▶▶▶ 低体温症 P.36、雷雨 P.130

時期、何年かに一度は必ず降雪による遭難事故が起きている。

　山で予期せぬ降雪があったときには、ただちに計画を変更して下山するか、近くの山小屋に避難する。その際の判断は素早く的確に。無理して計画を遂行しようとするのがいちばんよくない。過去の遭難事故のほとんどは計画を強行しようとして起こっている。

　また、降雪によるぬれや体温の低下を防ぐため、防寒具および防水性透湿素材の雨具やアウターをしっかり着込むことも大事だ。

［回避策］

　天候の急変については装備で対応する。低山の日帰りハイキングのときでも、必ず雨具は携行しよう。春は5月上旬ごろまで、秋は9月下旬以降の山行では、万一、雪が降ってきても対応できるように、必ずアウターと防寒具を持つこと。アンダーウエアも吸湿・速乾性に優れた素材のものを着用すべきである。

　また、山行直前には天気予報をチェックし、天気が荒れそうならば無理せず計画を変更・延期しよう。計画時には天候の急変を想定し、エスケープルートや避難場所などもあらかじめ決めておく。

　実際のフィールドでは、天候の変化に気を配りながら、エスケープできるルートや山小屋のことをつねに考えながら行動しよう。

予想外の雪が降ってきたら、最短のエスケープルートをとって下山するのがいちばん

近くに山小屋があるなら、ただちにそこに避難しよう

備えあれば憂いなし。アウターと防寒具のほか、手袋、オーバーグローブ、スパッツ、バラクラバ（目出帽）、軽アイゼンなどがあれば万全だ

事前の天気予報をしっかりチェック。天気が崩れそうなら計画を強行せず、変更、延期、または中止する

リングワンデルング

ガスや吹雪でホワイトアウト（足元も見えないほど視界がない状態）になったとき、ルートのついていない樹林帯や尾根上を、自分ではまっすぐ進んでいるつもりなのに、いつの間にか円を描くようにして同じ場所をグルグル回っていることをリングワンデルングという。

このようにぐるっと回って戻ってきてしまうのがリングワンデルング

リングワンデルングに陥ってしまったときは、とりあえず行動を中止し、地図とコンパスを使って現在地を確認する。現在地が判明すれば進むべき方向を定められるので、地図とコンパスを頼りに、曲がりそうになるのを修正しながら少しずつ進む。

3人以上のパーティなら、縦一列になり、最後尾の人が前方を行く人を基準にして、先頭がまっすぐ進んでいるかをチェックすることができる。先頭が曲がりそうになったら、後ろの人が声をかけて方向を修正させること。先頭の人と2番目の人がロープでつながっていると、よりわかりやすい。

ただし、不安なときにはむやみに動きまわらず、ビバークしてでも視界がよくなるのを待ったほうが安全だ。場合によっては先に進むのをあきらめて引き返そう。

[回避策]

視界のきかない場所では、カンを頼りにせず、地図とコンパスを駆使して慎重に行動するしかない。GPSがあると心強い。

最後尾の人は、2番目の人を基準にして先頭の人のブレを測る。曲がって進んでいるときは、ただちにブレを修正する

▶▶▶ GPS P.120

落石

山での落石には人為的なものと自然発生的なものがある。また、1個だけのこともあれば大小いくつもの岩が落ちてくることもある。落石事故は毎年あとを絶たず、これまでに多くの死傷者を出している。

落石の大きさや当たりどころにもよるが、大岩の直撃を受けたらひとたまりもない。ほぼ即死と思って間違いないだろう。幸いにも当たりどころがよく軽傷で済んだのなら、ケガの状況に応じた応急処置を施し、下山してから病院で治療を受ける。重傷ならとりあえず安全な場所に移動させ、止血などできる限りの応急処置をしたうえで、一刻も早く救助を要請しなければならない。

[回避策]

岩場やガレ場では、つねにヘルメットを被り、落石に神経をとがらせて行動すること。上に登山者がいる場合は、なるべく一直線上に重ならない位置をキープする。前の人との間隔を詰めたほうが、加速度のついた落石の直撃を受ける危険は少なくなる。

落石に気づいたら、大声で「ラク!」と叫んで周囲に知らせながら、岩陰などできるだけ安全な場所に逃げ込もう。安全な避難場所がないときは、落ちてくる石の方向を見極めて避けるしかない。

前の人との距離を詰め、一直線上に重ならないように行動する

万一、自分が落石を起こしてしまったときも、ほかの登山者に気づかせるため、とっさに下に向かって大声で「ラク!」と叫ぶこと

上から落ちてくるのは石ばかりではない。ときに滑落した人の巻き添えになって死亡してしまうというケースもある

▶▶▶ 止血 P.21、救助要請 P.164

転落・滑落

山岳遭難要因のなかで、つねに上位を占めているのが転落・滑落。険しい稜線上や急斜面で長い距離を落ちた場合は致死率が高く、助かっても重傷を負うケースが多い。

一般の登山ルートでも、転滑落や落石の危険が想定されるのなら、ヘルメットを着用しよう

幸いにも命が助かったら、安全な場所に移動し、ケガの応急手当てを行なう

あるものはすべて利用する。降雨や夜間の冷えに備えて着替えや雨具をしっかり着込み、シュラフやツエルトの中に潜り込む。ない場合は、風雨を避けられる場所でじっとして体力を温存しておく

万が一、転落してしまったときには、運を天に任せるしかない。できることといったら、岩にぶつからないように頭部を抱えてガードすること、神様に祈り続けることぐらいがせいぜいだ。

今は一般登山道でも転落・滑落の危険がある箇所では、ヘルメットの着用が奨励されている。このようなルートを歩く場合、ヘルメットを必ず携行すること。

気がついたときに運よく生きていたなら、大声で叫んで生きていることを仲間やほかの登山者に伝えよう。パーティで来ていた場合は、仲間がすぐに救助を要請するか現場に駆けつけてきてくれるはず。単独行であっても、事故の発生が第三者に伝われば、ただちに助けを呼んでくれるだろう。

もちろん、自力で行動できるのなら脱出を試みるべきだが、転落・滑落をして無傷でいられることはまず考えられない。自力で脱出できそうもない場合は、なんとかがんばって落石などの危険のない場所まで移動すること。

とりあえず安全を確保したら、

▶▶▶ 救助要請 P.164

自分でケガをチェックし、ケガに応じた応急手当てを施しておく。あとはただひたすら救助に来てくれるのを待つのみだ。

救助を待つ間は、着替えや雨具、シュラフ（寝袋）、ツエルト（ビバークテント）など、あるものはすべて利用し、できるだけ体力を消耗しないように努めよう。食料や水があるのなら、少しずつ口にするといい。

[回避策]

転落・滑落は、不安定な場所を通過するときにバランスを崩すことによって起こる。三点支持を要する岩場や滑りやすい急斜面、大小の石が累積するガレ場などを通過するときには要注意。うっかり浮石に乗ったり、つかんだ途端にポッキリ折れてしまう木の枝を支えにしないよう、安定した手掛かり足掛かりを求めることだ。狭い尾根上ですれ違うときも慎重に行動したい。相手のザックが当たってバランスを崩し、転落するというケースもある。

また、転落・滑落事故は、見るからに危険そうな場所よりも、一見なんでもないように見える場所で多発しているのが特徴。特に危ないのが、険しい岩場などを通過し終えてふっと気を緩めたとき。少しでも転落・滑落の危険がある場所では、一瞬たりとも気を抜かず、慎重に行動しよう。

意外に多い休憩時の転落・滑落事故。休むときには転落・滑落の危険のない場所で。また、すれ違い時も要注意だ

写真を撮るときには、カメラばかりに気を取られず、足元にも注意を払おう

岩場を通過するときには、ストックを縮めてザックに装着しておくこと。手に持ったままだと、岩に引っ掛けてバランスを崩すこともある

バテ

山を歩いているときに、疲労困憊の状態になって動けなくなってしまうのがバテ。その要因は、体調不良、寝不足、オーバーペース、体力不足など、さまざまだ。

バテてしまったら、なにはともあれ休憩をとる。服を緩め、なるべくリラックスできる体勢で休もう

すぐにエネルギー源となる糖分を補給するとバテの回復は早まる。行動食はのどに通りやすいものを

行動を再開するときは、荷物をほかのメンバーで分け合って、負担を軽くさせる。歩くペースはゆっくりと

山でバテてしまったときには、とにかく休むことである。暑いときには木陰などの涼しい場所で、寒いときには日当たりのよい暖かいところでザックを下ろし、座るなり横になるなりしてゆっくり休もう。その際には、適切な体温を保てるようにレイヤリング（重ね着）やファスナーの開閉などによって調整を行なうこと。また、ゆったり休めるようにするために、ベルトを緩めたりボタンを外したりするといい。

バテはエネルギー源や水分の不足によっても引き起こされるので、食欲があるのなら行動食（チョコレートやバランス栄養食品など）を口にし、のどが渇いていれば水分を充分に補給する。スポーツ飲料やゼリー状の栄養食品は、たとえ食欲がなくてもエネルギー源と水分を同時に補給できるのでおすすめだ。

熱中症や低体温症の一症状としてのバテならば、それぞれの対処法に従うことだ。

回復して動けるようになったら行動を再開するが、くれぐれも無理は禁物。ペースを落としぎみに

▶▶▶ 日射病・熱中症 P.38、低体温症 P.36

してゆっくりと歩いていこう。場合によっては、近くの山小屋に一泊する、あるいはエスケープルートを使って下山するなど、計画の変更を検討する。

［回避策］

まずは普段からトレーニングを行なって体力の維持・向上に努めるとともに、山行にはベストの体調で臨むこと。睡眠不足や疲労が蓄積した状態で山に行くと必ずバテるので、体調がよくないときには思いきって計画を延期しよう。

歩くときには他人のペースに惑わされず、自分のペースを守るように心掛ける。ほかの人のペースが速いときには、はっきりと「もっとゆっくり」と言うこと。暑さや寒さをガマンすることもバテにつながるので、体温調節は面倒くさがらずにこまめに行ないたい。

休憩については、「40分行動して10分休む」などと決める必要はなく、「ちょっと疲れてきたな」と感じるようになった時点で休むのがいい。完全に疲れきってから休んだのでは、充分に疲労を回復させることができない。

水分補給についても同様のことがいえる。のどが渇ききらないうちに、休憩ごとに少しずつ補給するようにしよう。また、休憩時にはこまめに行動食をとるようにすれば、エネルギー源の不足によるバテを防止することができる。

オーバーペースにならないようにするには、心拍数をチェックしながら歩くことをおすすめする。1分間の心拍数の目安は $[(220-年齢)×0.75]$。これぐらいの心拍数を保って歩くようにすればバテにくい

水分の補給は少量ずつこまめに。のどが完全に渇ききらないうちに補給するのがポイント。行動食も休むたびに口にするといい

休憩時に脚や腰、背中、肩などのストレッチングを行なえば、疲労を軽減させることができる

落雷

発生件数こそ少ないものの、過去には大量遭難事故も起こっているのが落雷。ことに夏山では雷雲が発生しやすく、しかも山には雷が落ちやすい場所がたくさんある。ひとたび雷雲が発生すれば、山ではつねに落雷の危険にさらされているといっても過言ではないのだ。

避難するときには、できるだけ姿勢を低くして移動する。その際、ザックに付けたテントのポールやストックなどは外して手に持つ。背の高いザックは背負わずに手で抱えて避難する。ストックなどを頭上高く振り上げるのは厳禁。雨が降っていても傘は絶対にささないことだ

パーティの場合、側撃による被害者を増やさないため、固まらずになるべく距離を置いて避難する

高いものに落ちる性質がある雷にとって、山頂や尾根は格好のターゲット。おまけに人間の体はもともと雷を引きつけやすい性質を持っているので、雷のときに山頂や尾根上にいるのは自殺行為に等しい。

高い木の下にいるのも危ない。木に落ちた雷は、幹を伝って地中に流れ込んでいくが、木のそばに人がいると、木に落ちた雷の電流が幹や枝から人体に飛び移ってくることがある。これを側撃という。側撃が起こるのは、木よりも人体のほうが電流が流れやすいからだ。

人間の心理として、雷雨のときなど木の下に避難したくなるが、命が惜しいなら逆に木から離れるべきだ。樹林帯の中も、どこから側撃を受けるかわからないので、安全だと思わないほうがいい。

また、岩場も雷が落ちやすい場所のひとつ。雷が岩場に落ちると電流が地中に染み込んでいかず、岩の表面伝いに電流が走っていく。通常、雷は"一雷一殺"といわれているが、何人もの人がいる岩

▶▶▶ 人工心肺蘇生法 P.20、やけど P.35

場に雷が落ちたときには、一度に大勢の犠牲者が出ることになる。

　そのほか、草原や湿原など周囲に何もない平坦地では、人間の体が雷の標的になりやすい。もっとも、山頂、岩場、尾根よりは樹林帯の中、樹林帯の中よりは草原や湿原のほうがまだいいとされている（気休め的なものだが）。

　野外で比較的安全なのは、右図に示した保護範囲のほか、谷筋やくぼ地、山の中腹など。高山帯では、尾根上にいるよりは斜面のハイマツの中に潜り込んだほうがずっとマシだ。これらの場所では、なるべく姿勢を低くしたままでじっと雷をやり過ごすこと。姿勢は低ければ低いほどいいが、けっして万全ではない。

　とにかく山の雷に関しては、外にいる限りどこも安全ではない。では山に安全な場所はないのかというと、唯一安全といえるのが山小屋である。山で雷に遭遇したときには一刻も早く最寄りの山小屋に避難することだ。

　なお、雷に撃たれて意識がないときには、すぐに心肺蘇生法を行なう。一時的に気を失っている場合もあるので、状態をよく見極めることだ。また、やけどを負っている場合はやけどの応急手当てを施しておく。

[回避策]

　北・中央・南アルプスなど標

基本的に木のそばは危ない。ただし、高さが5m以上ある木の幹から4m以上、枝先、葉先から2m以上離れ、木のてっぺんを45度以上の角度で見上げる範囲内で姿勢を低く保っていれば、側撃を受ける可能性は低くなる。これを保護範囲というが、野外でこの条件を満たす場所を探し出すことはきわめて難しい

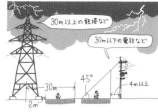

山中にある鉄塔や送電線の周りにも保護範囲ができる。100%安全とはいえないが、鉄塔や送電線の下にいれば、落雷を受ける心配はまずない。鉄塔の下に逃げ込むときは、念のため鉄塔から4m以上離れる。ただし30m以上離れてはいけない。送電線の保護範囲は、送電線を45度以上に見上げる範囲内にできる

テントにも雷は落ちやすい。木の下にテントを張っているときには、木に落ちた雷の側撃を受けることもある

車でキャンプに来ているときは、すぐに車の中に逃げ込むこと。車の中なら落雷を受ける心配はない

高の高い山では、夏の午後には毎日のように雷雲が発生することもある。そこで山行時には必ず気象情報をよくチェックし、雷注意報が出ているときには行動を早めに切り上げるようにすることだ。

また、雷注意報が出ていなくても、観天望気をしっかり行ない、雷雲が発生したらただちに最寄りの山小屋に避難しよう。雷が落ちるのは、頭上でゴロゴロと雷鳴がなっているときだけとは限らない。ときに雷は10km以上の距離を一瞬にして走る。たとえ天気は晴れていても、遠くに雷雲があれば、自分の頭の上に雷が落ちてくる可能性は充分にある。遠くでかすかに「ゴロッ」と雷鳴が聞こえたら、そのときにはもう雷の射程距離にいるものと思うべきだ。

もうひとつ、雷の予知に役立つのがラジオ。ラジオはおよそ50km離れた雷からの電波雑音を受信することができる。ラジオをつけているときに「ガリッガリッ」という雑音が入ったら、50km以内に雷雲がある証拠である。

雷がさらに接近してくると、雑音の間隔が短くなり、激しく連続的に聞こえるようになる。そんなときはすぐに安全な場所に避難しなければならない。ただし、雑音を受信できるのは中波や短波のAM放送で、FM放送はほとんど検知できない。

火山ガス

八甲田山、安達太良山、阿蘇山、草津白根山、北アルプスの立山などで起きているのが火山ガスによる中毒事故。硫化水素、二酸化硫黄、二酸化炭素の3つが危険視されている。

火山ガスにやられた人の救助は最低でも2人1組で当たる。ひとりは被害者の救助に向かい、ほかの者はガスの圏外で救助者を確保する。救助する者はタオルなどを水でぬらして鼻と口に押し当て、なるべく息を止めたまま被害者に近づき、できるだけ早くガスの滞留圏内から連れ出す。ガスは低いところに滞留しやすいので、絶対にかがまないことだ。

　ガスが来る心配のないところまで被害者を運び出し、衣服を緩めて安静にさせたら、速やかに意識の回復を図る。必要なときは人工呼吸や酸素吸入を行なう。

[回避策]

　火山ガスの発生区域に近づかないのがいちばん。事前に地元の役場に問い合わせたり、気象庁のウェブサイトを見たりして火山ガス情報を入手し、立ち入り禁止区域には絶対に入り込まないようにする。ガスが噴出している、刺激臭が漂っている、拾い上げた石の裏側に硫黄が付着している、植物が枯れて荒涼としている、などの場所にはむやみに近寄らないこと。

救助は最低でも2人1組で。救助に向かった者がガスにやられた場合は、ただちにロープをたぐって救出する。被害者の意識がないときは、素早く体にロープを結びつけてからガスの圏外に出る。圏外に出たら、ロープを引っぱって被害者を引き寄せる。ただし、無理は禁物。自分たちの手に負えない場合は救助を要請しよう

意識が回復したら、お茶やコーヒーなどを与える。血液の循環をよくするため、ワインなどのアルコール類を少量飲ませるのもいい

▶▶▶ 人工呼吸　P.20

火山噴火

登山者にとって記憶に新しいのが、2014年9月27日に起きた御嶽山の噴火だ。多くの犠牲者を出したこのような火山噴火は、いつ起きても不思議ではなく、登山者には回避のための対応が求められる。

我が国には111の活火山があり、そのうち50の火山が24時間体制で常時観測・監視され、さらにそのなかの48の火山に「噴火警戒レベル」が導入されている（2019年7月現在）。噴火警戒レベルとは、火山活動の状況に応じて「警戒が必要な範囲」と防災機関や住民等の「とるべき防災対応」を5段階に区分して発表する指標のことで、登山者への対応も以下のとおり記載されている。

レベル1　特になし（状況に応じて火口内への立ち入り規制等）

レベル2　火口周辺への立ち入り規制等（状況に応じて火口周辺の規制範囲を判断）

レベル3　登山禁止・入山規制等、危険な地域への立ち入り規制等（状況に応じて規制範囲を判断）

山行計画を立てるときには、登ろうとする山に噴火警戒レベルが適用されているかどうかをまず確認し、適用されているのであれば、気象庁のホームページにアクセスして最新の火山情報を入手しよう。また、火山を抱える各自治体はハザードマップを作成してインターネットで公開しているので、これも事前にチェックしておこう。

噴火のリスクをどうとらえるかは個々の判断によるが、登るのであれば登山届けは必ず提出すること。言うまでもないが、警戒レベルによって立ち入りが規制されているエリアには絶対に侵入してはならない。

登山中に火山噴火や前兆現象が観測されると、気象庁が発令した緊急速報メールが携帯電話に届くので、速やかに登山を中止して下山する（ただし圏外では届かない）。不幸にも噴火に遭遇してしまったら、噴火口から離れる方向へできるだけ早く避難する。

ザックは防御になるので背負ったままにして、ヘルメットを被り、口と鼻はマスクや湿らせたタオルで覆う。噴石や火山灰から身を守るため、近くに山小屋やシェルターがあるならそこへ避難し、なければ大きな岩陰などに身を隠す。あとは火山活動の沈静化と救助を待つしかない。

噴火警報・予報の発表状況と1週間以内に情報を発表した火山

気象庁は、噴火警報や予報を発表中の火山をはじめ、登山の対象となっている全国の主な火山についての各種情報をホームページで提供している。左の図（気象庁ホームページより）の各山をクリックすれば、火山活動の状況や最近1週間以内に発表された情報、現時点での警戒事項など、その火山に関するより詳細な情報を入手できる。山行直前には要チェックだ

噴火警戒レベル対象火山	噴火警戒レベル対象外火山	海底火山
▲ レベル5（避難）※1	◎ 居住地域厳重警戒※1	◎ 周辺海域警戒
△ レベル4（避難準備）※1	◎ 入山危険	◎ 活火山であることに留意※2
△ レベル3（入山規制）	◎ 火口周辺危険	
△ レベル2（火口周辺規制）	◎ 活火山であることに留意※2	
△ レベル1（活火山であることに留意）※2		

噴火遭遇時の装備

ヘルメット
ゴーグル
マスクやタオルなど
グローブ

噴石から頭部を守るヘルメット、火山灰や火山ガスの吸引を防ぐためのタオルやマスク、降灰時に備えるゴーグルとヘッドランプ、情報収集のための携帯ラジオ、通信ツールの携帯電話は必携。服装はできるだけ肌を露出しない長袖、長ズボンで

火山の登山口に設けられた噴火警戒レベルに関する情報。登るか登らないかの最終判断は自己責任で

火山によってはシェルターが設けられている山もあるが、数は少ない。写真は浅間山のシェルター

雪崩

斜面に積もった雪が大量に崩れ落ちる現象が雪崩だ。急斜面だけに限らず、たとえ緩斜面であっても雪が積もっていたら雪崩は起きる。冬から春先にかけて、スキーやスノーボード、雪山登山を計画している人は、雪崩に対する知識と充分な対策が必要である。

雪崩に巻き込まれたときは、大声を上げて位置を仲間に知らせるとともに、できるだけもがいて雪の上に浮上する努力をする

流れの中心から外れたほうが深く埋まらずに済む。可能なかぎり側縁部のほうに体をずらしていく

雪崩による死者の多くは窒息死。流されているときには雪がのどや鼻に詰まらないように顔を手で覆う

万一、雪崩に巻き込まれてしまったら、大声を出して仲間やほかの登山者の注意を喚起させよう。姿を確認された場所がだいたいわかっていれば、捜索のときに早く発見してもらえるからだ。

流されているときは雪の中で必死に泳いだりもがいたりして、浮上する努力をする。ただ流されるままにしていると、デブリ（雪崩末端の雪の堆積）の深い位置に埋まってしまう。

また、雪崩は中央部ほど流れが速いので、なるべく流れの遅い側縁部へ逃げるようにすると深く埋まらないで済む。身に着けているスキーやストック、ピッケルなどは、埋没したときに脱出の妨げになるため、できるだけ体から外すこと。

大型ザックは動作の妨げになるので外せれば外したほうがいいが、小型～中型程度のザックは背骨のプロテクターになってくれるので、背負ったままでいい。

泳いでももがいても脱出できないときには、口や鼻に雪が詰まらないように両手で顔を覆う。

　流れが止まってデブリに埋められていたら、気持ちを落ち着かせて冷静になり、まずは呼吸空間を確保する。そして体が動く場合は脱出を試みることだ。このとき大声で助けを求めると酸素を消費してしまうので、上部に人の気配を感じたときだけ数回叫ぶように。

　一方、雪崩に巻き込まれなかった人は、最寄りの山小屋や地元の警察などに事故の発生を伝えるとともに、二次雪崩に気をつけながら行方不明者の捜索を開始する。雪崩に埋まってしまった場合、15分以内に発見・救助されれば生存の可能性は非常に高いが、15分以降は、時間が経過すればするほど生存率も低くなる。雪崩事故においては、何より迅速な捜索・救助活動が要求されるのである。

　捜索にあたっては、まず行方不明者が流され始めた地点（遭難点）と見えなくなった地点（消失点）に目印を付ける。行方不明者はたいてい遭難点と消失点の延長線上のデブリに埋まっているので、そのあたりを重点的に捜索しよう。優先的に捜索する場所が決まったら、「雪崩ビーコン」を用いて捜索を開始する。

　雪崩ビーコンは、シャベル、プローブ（後述）とともに「セルフレスキュー三種の神器」と呼ばれているもので、雪崩による行方不

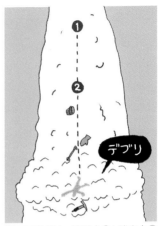

行方不明者は、遭難点①と消失点②の延長線上のデブリに埋まっていることが多い。デブリの上にザックなどの遺留品があれば、その延長線上周辺に埋まっている可能性が高い。ただしピッケルなどの重いものは埋没者よりも下方で発見される

雪崩ビーコンは小型の電波発信・受信機。雪崩に巻き込まれた人の埋没地点をいち早く特定してくれる。操作法をよく練習しておくこと

プロービングはプローブ（金属製の長い棒）を雪の中に刺しながら、感触で埋没者を捜していく。まっすぐに刺すことが大切だ

感触があったら、シャベルで掘り出す。埋没者の体の一部が出たらそのままにして、呼吸の確保のため、頭の位置を推定して掘る。最後は手で雪を除く

顔が見えたら話しかけて励ましながら、なるべく早く全身を掘り出す

稜線では雪庇の踏み抜きに要注意。風向きや雪庇の規模をよく観察し、安全なルートをとるようにしよう

明者の捜索には欠かせない必携品だ。これによって迅速な捜索・救助が可能になるのである。

もし雪崩ビーコンを携帯していないときは、「スカッフ＆コール」と「プロービング」を並行して行なう。スカッフというのは、デブリの表面や浅いところに埋まっている遺留品や遭難者を捜すために、手足を使って表層の雪をかき分け蹴散らすこと。埋没者の応答を求めて「オーイ」と呼びかけるのがコール。このスカッフとコールを交互に繰り返しながらデブリの上を移動して捜索していく。

プロービングは「プローブ」を雪の中に刺し、その手応えで埋没者を探し出す方法で、雪崩ビーコンと併用して埋没者の埋没位置を特定する際にも用いられる。スカッフ＆コールにしろプロービングにしろ、なるべく多くの人数を動員して行なうのが効果的である。

埋没者を発見し、雪の中から掘り出したら、ツエルトやレスキューシート、ウエアなどで体を包んで極力保温に務めながら、できるだけ早く医療機関に搬送する。心肺停止状態に陥っている場合は、ただちに心肺蘇生法を行なうこと。

［回避策］

雪崩の危険性を判断するには、積雪のコンディション、天候、風、日照、斜面の方向、地形などのデータを総合的に評価しな

山をよく観察し、どこに雪崩の危険が潜んでいるのか、どのようなコースどりをすればリスクを軽減できるか考えよう

けなければならない。そのためには、雪や雪崩、気象などについての正しい知識が必要になってくるので、雪山に出ていく前に、まず雪崩の専門書をひもとくと同時に、雪崩講習会に参加することを強くお勧めしたい。

知識や経験がまだ浅く判断に迷うようだったら、「君子危うきに近寄らず」を心掛けよう。特に大量の降雪があった直後、冬なのに雨が降ったときや気温が急に上がったとき、強風のときなどは、雪崩のリスクが高まっていると考えられる。場合によってはルートの変更や計画の延期も検討すべきだろう。

また、現地では地形や積雪のコンディションをよく観察し、できるだけ雪崩のリスクが少ない樹林帯のなかや緩斜面、尾根筋などを通るようにすることも重要だ。沢状地形や風下側の吹き溜まりは、雪崩のリスクの高い場所のひとつなので、無警戒に入り込んではならない。真新しいデブリがあるときは、より警戒が必要になる。稜線上では雪庇にも要注意だ。

スキーやスノーボードに適した斜面は雪崩の危険性が高いことが多い。安定性が高そうな緩斜面や樹林帯以外では、できるだけ積雪面にストレスをかけないこと。たとえば複数で同時に滑走しないなどの注意が必要だ

高山病

高度が上がって酸素が少なくなることにより、体が適応できずに生じるさまざまな障害を高山病という。頭痛をはじめ、倦怠感や虚脱感、食欲不振、吐き気、めまい、睡眠障害などの症状が出る。人にもよるが、2500mを超えると高山病のリスクが高くなってくる。

水分の摂取は高山病対策のひとつ。色の濃い尿が少量しか出ないときは、脱水症状ぎみの証拠。よりたくさんの水分をとる必要がある

高山病の特効薬は、高度を下げること。症状が回復しなかったりひどくなったりする場合はただちに下山を

ジョギングや水泳などの有酸素トレーニングを普段から行なっていると、高山病にも強くなる

上記のような症状が軽度であれば、それ以上標高を上げずに同じ高度でもう一泊し、体を慣れさせるといい。その際には深呼吸を繰り返して水分も充分にとるとともに、エネルギー源となる糖分を補給し、体を温かくして疲労回復に努めることだ。

症状が重い場合には、高度を下げるのがいちばん。ただちに下山に取りかかろう。無理して登り続けると高山病が悪化し、高地脳浮腫や高地肺水腫へと進行し、命の危険も出てきてしまう。

[回避策]

ロウソクを吹き消すように少しずつ息を吐き、吸うときは深くゆっくり息を吸う呼吸法が効果的。

標高の高い山を登るときには、一気に高度を上げるような登り方をせず、ゆっくり登るように心掛けよう。中腹で一泊するプランを立てられればなおいい。また、山行前には睡眠を充分にとって体を休め、体調を調えておくことも大切。行動中には意識して水分を充分にとるように。

疾病

近年、中高年登山者を中心に多発傾向にあるのが山での疾病。なかには命に関わる重大な病気を発症するケースもめだち、個々の自己管理能力が問われるようになっている。

ひとくちに疾病といっても、軽症のものから重症のものまでさまざまである。風邪程度の病気であれば、風邪薬を飲んで山小屋で一日寝ていれば大事には至らない。

問題は、狭心症、急性心不全、急性心筋梗塞、脳内出血、脳梗塞など、致命的な病状に陥ってしまった場合。医師は不在、医療施設も整っていない山ではどうすることもできないので、救助を要請して一刻も早く病院に収容するしか手はない。救助を待つ間は、できれば病院の医師と連絡をとり、その指示に従うことだ。

[回避策]

持病のある人は、医師と相談しながら無理のない山登りを実践すること。山行前には必ず医師の診断を受け、山行には持病の薬を携行することを忘れずに。

自覚症状がない人でも、年に1度は健康診断を受けるようにしたい。山行前に体調の異変や調子のわるさを自覚したら、無理をせずに計画を中止しよう。

行動中に体調がわるくなったら、動けるうちに下山して医師の治療を受けること。近くに夏山診療所があるならそこで診てもらおう

山で発症してからでは遅い。持病がある人は日ごろから医師との連絡を密にし、山行前には必ず相談することだ

▶▶▶ 救助要請 P.164

パーティ内での遅れ、別行動

パーティを組んで行動しているのに、いろいろな要因からひとりだけが遅れ、事故に遭遇してしまうという事例が近年は増えてきている。しかも、ほかのメンバーは下山するまで事故に気づかず、気づいたときにはすでに手遅れだったというケースが多い。

仲間が途中で見当たらなくなったら、名前を呼びながら周辺を捜索する

途中に分岐点があったなら、別方向へ行ってしまっている可能性が高い。手分けしてそちらも捜索しよう

たとえば途中で用をたしたくなり、「トイレに行きたくなったので先に行ってくれ」と言って仲間と別れ、以降、姿が見えなくなったというケース。あるいは、携帯電話で通話していたことからひとり遅れ、下山口でいくら待っても下りてこなかったというケース。いずれの場合もひとりになったときに転落・滑落し、のちに遺体となって発見されている。

もし仲間が先に行かずにその場で待っていてあげたなら、どちらも命を落とすことはなかったかもしれないと思える事故である。

行動中にいつしか仲間のひとりが見当たらなくなっていたら、たどってきたコースを戻りながら捜索を行なうことだ。「そのうち追いつくだろう」とは絶対に考えないこと。まして先に行ってしまうのは論外である。

最後に姿を確認した地点まで戻っても見当たらない場合は、分岐点からの別ルートやコース周辺のヤブの中などを手分けして捜索

▶▶▶ 転落・滑落　P.126、救助要請　P.164

する。それでも見つからないのなら、遭難している可能性も高いので、地元の警察に相談して対策を決めるのがいいだろう。

［回避策］

パーティで行動するときには、いちばん遅い者のペースにほかのメンバーが合わせ、ひとりだけ大幅に遅れることがないようにしよう。ペースの早い者がひとりだけいる場合も同様で、自分だけさっさと先に行かないように。

ある程度の差がつくのは仕方がないにしても、姿が確認できる程度の差にとどめておくこと。けっして見えなくなるまで差を広げてはならない。

若干の差が開いた場合でも、先行者は要所要所で全員がそろうのを待とう。特に分岐点や広い尾根上などの迷いやすい場所に出たときには、後続者が到着しないうちに先に進んではならない。必ず全員がそろったことを確認してから行動を再開する。

ウエアの着脱やトイレや携帯電話などでひとりだけ遅れる場合も、ほかの者は少し離れた場所で用事が済むのを待つことだ。大人数の場合は全員が待つ必要はないが、万一に備えて少なくとも数人はついていたい。待ってもらうほうも、必ずだれかにひと声かけてから用事を済ますようにしよう。

用をたすためにコースから外れてヤブの中に入り込み、そこで転落・滑落してしまった可能性もある。着替えや用たしなどでひとりだけ遅れそうなときは、先に行かずにそばで待っていよう

行動中に具合がわるくなる者が出たら、ひとりだけで下山させてはならない。ほかに人をつけて下山させるか、行動を中止して全員で下山するように

パーティ内の不協和音から別行動をとり、遭難に発展するというケースも

靴擦れ

靴の中で足の一部分が擦れて生じる一種のやけどが靴擦れである。たかが靴擦れとあなどるなかれ、ひどくなると炎症を起こしたり、歩けなくなったりすることもある。

テーピングテープを二重三重に貼って患部を保護する。最初にばんそうこうを貼り、その上からテーピングテープでガードしてもいい

靴擦れになったときにはたいてい水疱が生じるので、ライターで焼いて消毒した針で水疱を刺し、ティッシュなどを押し当てて水を完全に出す。次に患部を消毒し、水疱の皮をはがさないように上からテーピングテープを貼って保護しておく。歩行中にずれてこないように、テープを二重三重に張っておくといいだろう。

[回避策]

自分の足に合った靴を選ぶことが大前提。靴を購入する際には納得のいくまで履き比べてしっかりフィットした一足を選びたい。靴を履くときには靴下にたるみが生じないようにし、靴の中で足が必要以上に動かないよう靴ひもをしっかりめに締めよう(特に下り)。

歩いていて当たる箇所がある場合は、すぐにその場でテーピングテープや靴擦れ・マメ防止用パッドを貼っておく。「次に休憩したときに……」などと我慢していると、アッという間に水疱ができてしまう。出発前から靴擦れが予想される場合は、あらかじめ処置を行なっておくといい。

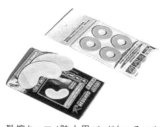

靴擦れ・マメ防止用パッドもいろいろ市販されている。滑りのいいガムテープ(紙タイプのもの、布テープは不可)を貼る手もある

登山靴の経年劣化

近年、歩行中に登山靴の靴底（アウトソール）がはがれてしまうという事故が急増している。状況次第では遭難事故にもつながりかねないので、事前の充分なチェックが必要だ。

登山靴の靴底のはがれは、主にミッドソールに採用されているポリウレタン素材の劣化によって起こる。もし歩行中に靴底がはがれてしまったら、テーピングテープやガムテープ、細引き、針金など、所持しているものでとりあえず応急処置を施すしかない。あるいはザックのバックル式のナイロンテープを利用してもいい。

ただ、応急処置を施しても長時間はもたないので、先の行程が長い場合は、計画をあきらめて最短コースで下山することだ。その際にはゆっくり慎重に行動しよう。

[回避策]

ポリウレタン素材の耐用年数は5年程度。山行前には、靴底がはがれそうになっていないかよくチェックする必要がある。とりわけ年に1、2回しか山にいかない人は要注意。また、使用後にはしっかりメンテナンスを行ない、直射日光が当たらない風通しのいい場所に保管しておこう。直射日光や高温多湿は登山靴の経年劣化を早める。ビニール袋などに密封するのもよくない。

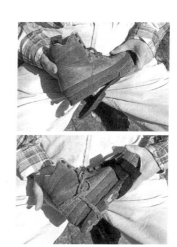

靴底がはがれてしまったら、テーピングテープや細引きなどでグルグル巻きにして、とりあえずその場をしのごう

自分の実力に合った山を選ぶ

登山を楽しむには、自分の実力（体力や技術など）に合った山・コースを選ぶことが大前提となる。そのためには自分の実力がどの程度のレベルにあるのかを客観的に把握することが必要だ。

登山における自分の体力レベルや技術レベルを客観的に把握するのは意外に難しい。とくにある程度、登山の経験のある中高年者は、加齢による体力などの低下を自認できず、また経験からくる油断もあって、過大評価しがちな傾向がある。その結果、実力に見合わない山に登ろうとして、疲労困憊状態になったり、思わぬアクシデントを招いたりしてしまう。

そうならないようにするために役立てたいのが、鹿屋体育大学の山本正嘉教授が考案した「マイペース登高能力テスト」だ。これは、1時間あたりの登高標高差から自分の体力レベルを評価するもので、ある動作や運動が安静時の何倍のエネルギーを使うかを示すメッツという単位で表される。たとえばハイキングの場合は6メッツ、無雪期の一般登山だったら7メッツ、雪山登山なら8メッツに相当する体力が要求されてくる。

また、秋田・山形・栃木・群馬・新潟・富山・長野・山梨・岐阜・静岡の10県と石鎚山系では、それぞれの主要登山ルートを、登るのに必要な体力度とコースの難易度で評価した「山のグレーディング」を作成し、インターネットで公開している。この山のグレーディングとマイペース登高能力テストを対照させることで、自分の実力に合った山を選ぶことができるようになる（右表参照）。

さらに、やはり山本教授が考案した公式を使えば、あるコースを歩く際のエネルギー消費量が求められ、プランニングの参考になる。この公式のベースになる「ルート定数」というのは、登山コースごとの運動強度（体力的なキツさ）を数値化したもので、数字が大きいほど体力的にキツいコースということになる。前述の10県1山域の主要コースのルート定数は、それぞれの山のグレーディングに併記されているので、参考にするといいだろう。

これらの新しい指標は、自分の実力に合った山選びに役立つものなので、ぜひ活用していただきたい。

ルート定数および登山中のエネルギー消費量を求める公式

登山中のエネルギー消費量 (kcal)

=

ルート定数		重さの要素

$$1.8 \times \text{行動時間 (h)} + \begin{array}{c} 0.3 \times \text{歩行距離 (km)} \\ + \\ 10.0 \times \text{登りの累積標高差 (km)} \\ + \\ 0.6 \times \text{下りの累計標高差 (km)} \end{array}$$

時間の要素　**距離の要素**

$\times$ **重さの要素**
体重 (kg)
＋
ザック重量 (kg)

マイペース登高能力テスト

マイペースで登り、かかった時間から1時間あたりの登高標高差を求める

体重の10%程度の荷物

● きつさを感じる手前のスピード
● 息が弾まないで、話をしながら登れるスピード
● 休みながら数時間程度同じ速さで登れるスピード

できるだけ単調な登りが
500m以上続くルートを
選ぶ

登高標高差から自分のメッツを知る

1時間あたりの登高標高差	メッツ	経験・技術などを除く体力面の評価
500m/h 以上	8メッツ台	「山のグレーディング」のどのルートを登っても体力的なリスクは少ないと考えられる
400m/h 以上	7メッツ台	「山のグレーディング」の〝一般的な登山ルート（技術的難易度A・Bの範囲）〟を登るには体力的なリスクは少ないと考えられる。C・D・Eのルートを登るには、もう少し体力が必要
300m/h 以上	6メッツ台	「山のグレーディング」の〝一般的な登山ルート（技術的難易度A・Bの範囲）〟を登るには、少し体力的なリスクがある。C・D・Eの〝厳しい登山ルート〟はさらに大きなリスクがある。A・Bのルートを標準的なタイムより少し時間をかけて歩けば、体力的なリスクを少なくすることができる
300m/h 未満	6メッツ 未満	「山のグレーディング」の〝一般的な登山ルート（技術的難易度A・Bの範囲）〟の山に登るには体力が不足していてリスクが大きくなるが、標準的なコースタイムの1.5倍程度の時間をかけるとリスクを小さくすることができる。里山をたくさん登って体力をつけるといい

「マイペース登高能力テスト」について（Rev.2　長野県山岳総合センター）より編集して引用

登山届を提出する

万一のアクシデントや事故に備え、家族や救助隊らに迅速に対応してもらうために提出するのが登山届。今はインターネットを利用したさまざまな方法での提出が可能なので、必ず提出しておこう。

登山中に事故に遭遇して自力で対処しきれなかったとき、救助が迅速に行なわれれば、命が助かる確率は高くなる。逆に救助が遅くなればなるほど遭難者の苦痛は大きくなり、救命率も下がる。それを左右するのが登山届（登山計画書）の存在だ。

登山届が提出されていれば、救助の初動は速くなるうえ、遭難地点を絞り込むことができ、効率的な捜索・救助が可能になる。逆に提出されていないと救助の初動は遅くなり、遭難地点を特定するのに時間がかかってしまう。とくに単独行の場合、登山届を提出せず、家族に「ちょっと山に行ってくる」とだけ告げて家を出る人も多く、万一遭難するとどこを捜していいのかわからず、お手上げ状態となってしまう。実際、そうしたケースで行方不明になり、発見されないままの登山者もいる。

どんな形態の登山であれ、登山届の提出は登山者の義務と心得たい。近年は条例による登山届の提出義務化も進んでいる。

登山届に記入する情報は、次ページのフォーマットに示したとおり。従来はこれを所轄の警察署に郵送するか登山口にあるポストに投函していたが、今は警察のホームページを通してPCやスマートフォンから提出できる山域も増えている。また、日本山岳ガイド協会が運営するウェブサービスの「コンパス」を使えば、ネット上で作成・提出した登山計画書を家族や警察らと共有できる。事故発生時には迅速な対応が可能となるので、使用してみるといいだろう。

専用ポストに投函するのは従来からある方法だが、山によっては登山口にポストが設けられていないところもある。とくに登山者の少ない山や地方の低山などに登るときは、事前にインターネット経由で提出しておいたほうが確実だ

登山計画書

■山域・山名：		
■山行期間：		■下山予定日：
■所属団体・組織：		
■緊急連絡先：		

■メンバー

役割	氏名	年齢	性別	血液	住所	携帯電話	緊急連絡先

■行動計画

月日	行程

■その他 (主な装備、エスケープルート、加入山岳保険など)

ツエルトの使い方

重さわずか数百グラム、非常時のための簡易テントがツエルト。これを持っていたおかげで命が助かったというケースは数知れない。たとえ日帰りのハイキングであっても、必ず持つべき必携装備だ。

最もシンプルなのは、すっぽりと頭から被る方法。地面からの冷えを防ぐため、空にしたザックの上に座るといい。折り畳み傘を持っているなら、傘を広げた上からツエルトを被れば、内部空間が広くなる

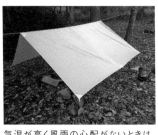

気温が高く風雨の心配がないときは、タープのように広げて使うことも可能だ。状況に応じていろいろな使い方ができるのがツエルトの大きなメリット

日帰りで低山ハイキングを楽しむつもりだったのに、途中で道に迷っているうちに陽が暮れてしまったような場合、焦って日没後まで行動するのはアクシデントに遭遇するリスクが大きく、まだ余裕のあるうちにビバークを決断するのが賢明である。

そんなときに携行していると助かるのがツエルトだ。収納時には缶ビールほどの大きさにまでコンパクトになるこのツエルト、あるとないのとでは大違い。ツエルトがあれば多少天気が悪くても風雨をしのぐことができ、体力の消耗を最小限に抑えられるので、状況によっては生死を分けることさえあるくらいなのだ。

ツエルトは工夫次第でさまざまな使い方ができるが、最も単純なのは、頭からすっぽりかぶって全身を覆う方法。風雨や吹雪のなかで休憩をとるときにもこの方法が有効で、濡れや風から体を守り、体温を奪われることなく休むことができる。

テントのように使用する場合は、立木と張り綱を利用してツエ

ルトを張るのが手っ取り早い。この方法は立木から支点をとることになるので耐風性が高く、底部の四隅をペグダウンすればテントのような広い居住空間も確保できる。張り綱の長さや本数、ほかの装備（スリングやカラビナ）などによって、いろいろな張り方ができるのも特徴だ。

周囲に立木がないときは、オプションの専用ポールやトレッキングポールなどを支柱とし、張り綱の張力を利用してポールを立ち上げる。最初にフロア部をペグダウンしてからポールを立てていくのがコツで、立ち上げたら張り綱の張力を加減してバランスがよくなるように調整する。

なお、張り綱を使ってツエルトを張る際には基本的なロープワークの知識が必要となる。ボーライン、ツー・ハーフ・ヒッチ、クローブ・ヒッチ、フィギュアエイト・オン・ア・バイトなど、最低限の結びはマスターしておこう。

そのほか、レスキューシートのようにくるまって保温する、1枚に広げて小型のタープのように使う、寝るためだけに横向きに張るなど、工夫次第でいろいろな使い方が可形になる。軽量コンパクトで嵩張るものではないので、共同装備ではなく個人装備として携行するといい。

樹林帯の中ならば、立木に張り綱を結びつけてツエルトを貼るのが効率的。張り綱をどのように張るかは状況次第で、カラビナやスリングを利用して張る方法もある。事前に張り方を練習しておくといいだろう。フロアの四隅をペグで固定すれば、内部を広く使える

トレッキングポールと張り綱を利用してツエルトを張る方法、張り綱の張力を加減してポールとツエルトをバランスよく自立させるのがポイント。2人以上で張れば楽だが、先にフロアの四隅をペグダウンしておければ一人でも張ることができる

▶▶▶ クローブ・ヒッチ P.158、フィギュアエイト・オン・ア・バイト P.155

補助ロープの使い方

補助ロープ、スリング、カラビナ。登山用具専門店で相談して購入しよう

ボーライン

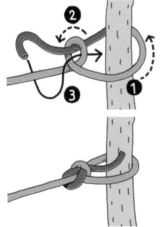

補助ロープの一端を、まず最初に立木の結びつけるときに用いる。強固な結びなので、しっかり結び目を締めていればほどける心配はない。ロープを木に巻きつけ、途中に作った輪の中に端を下から通し、矢印のとおり結んでいく。輪の作り方を間違えると結べない

北アルプスなどの高い山が険しいのは当然だが、低い山のハイキングコースにも、つい腰が引けてしまうような急斜面や岩場はけっこう多い。

そんなときにあると心強いのが、1本の補助ロープ。これを使えば、山歩きの初心者でも小さな子供でも比較的安全に難所を通過することができる。

補助ロープは、太さ8mmのものを20〜30m用意する。登山用具店で「補助ロープ」として市販されているものを購入するといい。そのほか、ひとりにつきスリングが2、3本、カラビナが2、3枚必要となる。

ただし、なまはんかな知識や経験のみでロープを使用するのはかえって危険である。たとえばロープで確保されている者が落ちたときに、確実に止められなければロープを使う意味がないばかりか、場合によっては確保者も転落に巻き込まれることになってしまう。岩場などで補助ロープを使用するには、講習会などに参加して実践的なロープワークのノウハウを身につけてからにすること。基本的なクライミング技術をひととおり

学んでおくのが望ましい。

●樹林帯の中の急斜面を
　登り下りする

　登山道脇の木に補助ロープを張る。ロープの始点をボーラインで木に結び、途中に数カ所、スリングとカラビナで立木に支点をとり、クローブ・ヒッチでロープを掛けていく。最後は、なるべくロープがたるまないようにラウンドターン＆ツー・ハーフ・ヒッチで結ぶ。こうして張ったロープを手掛かりにしながら急斜面を登り下りする。ただし、ロープに頼りすぎてはダメ。あくまでバランスを保つための補助と考えること。パーティの最後尾の人は、始点の結びをほどき、支点を回収しながら登り下りして、最後にロープをたぐって回収する。

ラウンドターン＆
ツー・ハーフ・ヒッチ

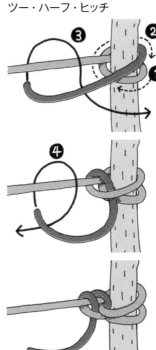

ボーラインで木に結び付けた補助ロープのもう一端をこの結びで結べば、ロープをピンと張ることができる。最初にロープを強く引っぱりながら木に2回ほど巻き付けるのがコツ

樹林帯の急斜面では、ロープの始点と終点を木に結び付けて固定する。ロープがたるむようであれば、途中に数カ所スリングとカラビナで支点をとる（カラビナにロープをクローブ・ヒッチで結び付ける）。なお、補助ロープはあくまでバランスをとるために使用する。頼りすぎは禁物だ

▶▶▶ クローブ・ヒッチ P.158

●ロープを手掛かりに登り下りする

転滑落の危険がある急斜面や岩場では、手掛かりとなるロープを張って登り下りすれば、初心者でもあまり緊張することなく通過できるようになる。ロープにはあらかじめインライン・フィギュアエイトなどを使って等間隔で輪をつくっておく。これを掴めば手が滑ることもない。

この輪は、あくまで手で握りやすくするためのもので、手足は輪の中に入れないこと。輪の中に入れると、輪から抜くときに引っかかってバランスを崩す恐れがある。輪の代わりにコブを等間隔で結んでもいいが、荷重がかかって固く閉まるとあとでほどきにくくなるという欠点がある。

登るときは最初にリーダーが登っていき、支点となる立木にロープを結び付け、続いてメンバーがロープを掴みながら登っていく。下るときは、降下地点にある立木にロープを結び付け、メンバーが順次下っていき、最後にリーダーがロープを回収して下る。ロープを立木に結び付けるには、ロープの末端にフィギュアエイト・オン・ア・バイトで輪をつくり、それをスリングと安全環付きカラビナでつくった支点にかければいい。

等間隔で輪をつくったロープを、立木に結び付けて手掛かりとする。ロープに全体重をかけて登り下りすると腕が疲れてしまうので注意

スリングとカラビナで支点をとる

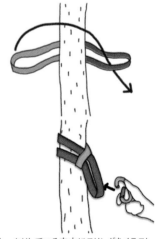

しっかりしている立木にスリングをイラストのように巻きつけ、安全環付きカラビナを掛ける。中間地点やセルフビレイをとるには、ロープの途中をこのカラビナにクローブ・ヒッチで結び付ければいい

 ▶▶▶ クローブ・ヒッチ P.158

インライン・フィギュアエイト

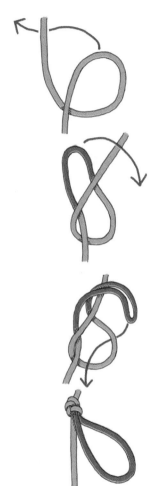

ロープの途中に輪をつくるための結び
で、下向きの輪ができるのが特徴。こ
の輪をあらかじめ等間隔でいくつも作っ
ておく。この輪の中には手足を入れず、
結び目を手で掴むだけにする。間隔が
離れすぎていると手が届かないので注意

フィギュアエイト・オン・ア・バイト

ロープの一端には、フィギュアエイト・オ
ン・ア・バイトで輪を作っておく。結び
目の末端は充分に余らせること。この
輪を、立木にとった支点の安全環付き
カラビナにかけてロープをフィックスする

●確保して登り下りする

確保とは、険しい岩場などを登り下りする際に、行動者に結び付けたロープをもうひとりが操作して、万一の転滑落に備えることをいう。一般的には特殊なギアを用いるクライミングの技術であるが、ふつうの登山であっても必要最小限のギア（補助ロープ、スリング、カラビナ）があれば、同様の方法で安全を図ることができる。

そのやり方にはいくつかの方法があるが、ここで解説するのは、登り下りする人の体にロープを結び付け、その人の動きに合わせてロープを手繰ったり繰り出したりしてコントロールする、最もシンプルな方法。行動者がバランスを崩して落ちそうになったときは、ロープを強く握って制動をかけ、バランスを保持させる。また、確保者は、自分自身が転落しないように、そばの立木などの支点から自己確保（セルフ・ビレイ）をとっておく。

ただし、この方法では大きな荷重がかる転滑落は食い止められない。危険度の低い場所において、あくまで一時的に安心感を得るためのバランス保持的な安全策であると心得よう。転滑落する可能性が高い場所では、より確実なほかの方法で確保する必要がある。

簡易ハーネスをつくる

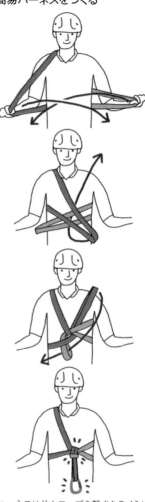

ハーネスは体とロープを繋ぐクライミングギアの一種で、長さ120cmまたは150cmのスリングがあれば、簡易的なハーネスを自作できる。イラストのようにして体に結び付け、セットした安全環付きカラビナにロープをフィギュアエイト・オン・ア・バイトで連結させる

変形ボーライン

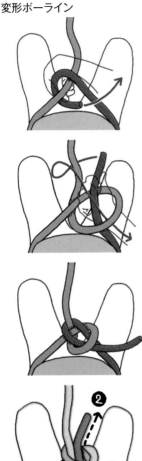

❶ ❷

ワンポイント的な急斜面などで、念のためにバランス保持的に確保をするのであれば、ロープを体に直接結び付けてもかまわない。その際にはこの変形ボーラインかフィギュアエイト・フォロースルーを用いる

フィギュアエイト・フォロースルー

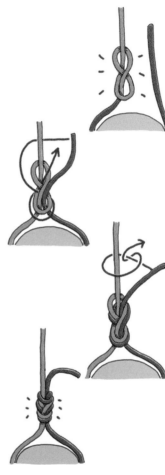

これもロープを体に直接結び付けるための結び。途中にフィギュアエイト・ノットを結んだロープを自分の腰に回し、結び目をなぞるようにして末端を通していく。最後にひと結びを結んでおく。体への直結が不安なら、簡易ハーネスを用いること

確保しての登り下り

まず最初にリーダーが先に登り、セルフビレイをとったうえで、上からロープをたぐり寄せながら後続の者を確保する。バランスを崩しそうになったときにはロープをしっかり握って体勢を立て直させる

下りの場合は、初心者や子供など経験の浅い者を先に下ろす。下りる人の動きに合わせて、リーダーが上で確保しながらロープを繰り出していく

セルフビレイのとり方
（クローブ・ヒッチ）

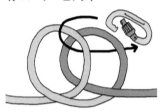

確保者は簡易ハーネスを装着してカラビナをセットし、行動者とロープで結び合う。立木からスリングとカラビナで支点をとったら、ロープの途中にふたつの輪を作り、それを図のように重ねて支点のカラビナに通す。ロープの途中のどこででもカラビナに結び付けることができる

ロープを使っての確保は、確実な技術と知識が要求される。失敗すると命に関わる事故にもなりかねないので、絶対に見よう見まねで行なってはならない

　▶▶▶ スリングとカラビナで支点をとる P.154

野山で役立つ非常用アイテム

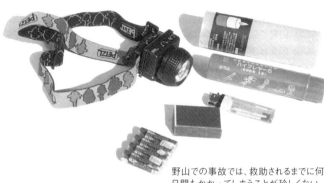

野山での事故では、救助されるまでに何日間もかかってしまうことが珍しくない。その長い時間を生き延びるために欠かせないのが明かりと火だ。発煙筒は居場所を知らせるためのもの

●ヘッドランプ

　野山での夜間の明かりとして、なくてはならないもの。日帰りのハイキングには持っていかない人も多いようだが、予期せぬアクシデントが起こって下山が日没後になった場合、ヘッドランプがないと行動できなくなってビバークをしなければならなくなる。また、ビバーク時にも、ヘッドランプがなければ用をたしに行くのもままならい。日帰りのハイキングであれ山小屋泊まりの山行であれ、ヘッドランプは必ず持つことだ。あわせて予備のバッテリーをぬれないようにして持つことも忘れずに。

●ライター、マッチ

　火をおこすために欠かせないのがライターやマッチ。緊急時には、火があるとないでは天国と地獄との差ほど違う。火があれば暖をとれるし、温かい飲み物も作ることができる。何より火は非常時において精神安定剤のような役割を果たしてくれる。ただし、ガスライターやオイルライターは低温下では着火しにくく、電子ライターも標高が2,000m以上になるとなかなか着火しない。気温や高度に影響されないのはマッチだが、こちらはぬれや風に弱い。そこで、マッチとライターを両方持つようにすることだ。マッチはぬれないようにビニール袋に入れて携行しよう。

●ロウソク

ビバーク時や遭難して救助を待つときに、暖や明かりをとるためのものだが、やはり精神安定剤的な役割のほうが大きい。不安な状況下でも、ロウソクの炎を見つめていれば不思議と気持ちが落ち着いてくるものだ。太めのものを1本持つといいだろう。

●発煙筒

樹林帯の中などで、自分の居場所を知らせるためのもの。特に、遭難場所が特定できず、ヘリでの捜索が行なわれているときには、発煙筒を焚くことによって居場所が一目瞭然となる。ヘリの接近に合わせて合図すればいい。救助要請を目的とした発煙筒として、赤い煙が出るタイプのものも市販されている。

●ガムテープ

登山用具やウエア破損の一時的な応急処置、ドクガの毒毛や植物のトゲ抜きなど、さまざまな場面で役に立つ。また、火をつけるとよく燃えるので、焚き火をおこすときなどの着火剤としても重宝する。ストックやフィルムケースなどに適当な長さを巻きつけて携行する。丈夫な布タイプがよい。

●牛乳パック

ガムテープ同様よく燃えるので、着火剤として利用できる。また、テント山行では調理の際にまな板代わりにもなる。切り開いてザックの背中のパッド部に1枚入れておこう。

●新聞紙

マッチ、ロウソクと並ぶ、古典的な登山の非常時アイテム。ぬれた靴を乾かすために靴の中に詰め込んで使用するほか、ウエアとウエアの間に入れて保温・防風効果を得る、汚れ防止のためテントのフロアに敷く、焚き火の焚きつけにするなど、いろいろな利用法がある。やはりザックの背中のパッド部に入れて携行する。

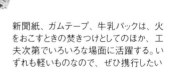

新聞紙、ガムテープ、牛乳パックは、火をおこすときの焚きつけとしてのほか、工夫次第でいろいろな場面に活躍する。いずれも軽いものなので、ぜひ携行したい

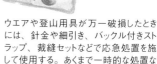

ウエアや登山用具が万一破損したときには、針金や細引き、バックル付きストラップ、裁縫セットなどで応急処置を施して使用する。あくまで一時的な処置なので、下山後は確実に修理を

●細引き

靴ひもやテントの張り綱が切れたときの代用として、登山靴のソールがはがれたときの応急処置に、あるいはテント内に物干し用のロープを張るときなどに使用する。太さ2〜3mmのものを5mほど用意しておこう。

●針金

登山靴やザックなどが壊れたときの応急処置用に、細いものを2mほど持つ。一緒に小さなペンチの付いたアウトドア用ツールがあると修理も楽だ。

●裁縫セット

ウエアの補修に用いる。針と糸、ボタン、安全ピンなどをセットで。ザックの修理用として太めの針と糸も追加しておきたい。また、シュラフやジャケットなどナイロン製品のカギ裂き部に貼りつけるリペアテープもあると便利だ。

●バックル付きストラップ

経年劣化で登山靴のソールがはがれてしまったときに、これを使って応急処置をする。荷物のパッキングにも役立つ。

●あると便利な
そのほかのもの

薄いポリエステルにアルミ蒸着したレスキューシートは、ケガ人の保温やビバーク時の防風防雨に役立つ。事故を知らせるためのホイッスルも各自が持っていたい。結束バンドとテーピングテープは、用具の応急的な補修やセルフレスキュー時など、いろいろな場面で重宝する。いざというときの通信手段として、スマートフォンや携帯電話それに充電器または予備のバッテリーも忘れずに。

風速と気温の関係

風が強ければ強いほど、体感温度は下がる。野外での代表的な疾病である低体温症や熱中症は、たいてい気温の高低が直接的な要因となるが、状況によっては風の強さが大きく影響してくることになる。

暑いときに着るウエアは、通気性、汗の吸収・速乾性を重視する

寒いときのレイヤリングは、ウエアとウエアの間に空気の層をつくり出して保温を図る。アンダーウエアに中間着、そしてアウターというのが基本だ。風が強いときには体感温度が下がらないようにシェルとなるウエアをいちばん上に着る

野山に限らず、街にいるときでも、風が強いと実際の気温よりもはるかに寒く感じることがある。これは、暑さや寒さを感じる基準となる体感温度が、気温だけではなく風によっても左右されるためだ。

　次ページに示したのは、気温・風速と、実際に感じる暑さや寒さの度合いを定量的に表したウインドチルという表である。観測される気温と風速の値を直線で結び、斜めの座標軸と交差した値がウインドチル値で、そのときに感じる寒さを表している（ただし、この表は、衣類を着けずにその場に1時間いた場合を基準としたもの）。

　たとえば、冬山に行ったときに気温が0度だったとしても、風速が5mであれば「非常に寒い」と感じるわけだ。結んだ線が座標軸と交差する値はだいたい900であるが、これは、その環境下で1時間じっとしていると900kcalのエネルギーを消費するということを表している（右表の赤い破線）。消費カロリーが1,300を超

気温、風速と体感温度の関係

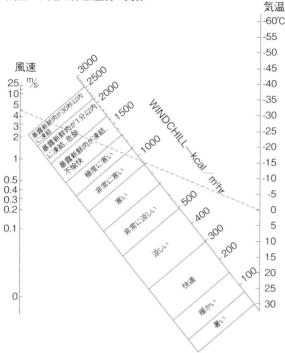

えると体の露出部は凍結が始まり、非常に危険な状態に陥ってしまう。

低体温症や熱中症などのケースからもわかるように、野外では暑さや寒さが命に関わる危険因子となることがある。そのリスクを軽減させるのが、ウエアによるレイヤリング（重ね着）システムだ。季節や天候や気温や風など、その場の状況に応じたレイヤードを採用することで、体温を適切に保って快適に活動することができるのである。

付け加えると、標高が100m上がるごとに気温は0.6度ずつ低くなっていく。このことも覚えておくといい。

山での救助要請のノウハウ

山登りは自分の足で登り、自分の足で下りてくるもの。万一、事故に遭遇したときでも、自分の責任で処理・解決するのが原則だ。救助の要請が許されるのは、一刻も早く病院に収容しなければ命が危ない事態に陥ったときや、万策尽きて自分たちの力ではどうしようもなくなってしまったときのみ。特に近年は救助要請のあり方が問題となっているので、安易に救助要請をしてはならない。

●救助を要請する

山でアクシデントに遭遇して救助要請をする場合は、警察（110番）もしくは消防（119番）にスマートフォンや携帯電話で連絡を入れる。自宅や友人や職場などの第三者を経由すると情報が正確に伝わらないこともあるので、当事者が直接話すことだ。無線機を持っている場合は、現場と管轄署が無線でつながるのなら直接救助を要請し、交信できない場合は第三者を経由して救助要請を届け出てもらう。

救助を要請する際には、状況をできるだけ詳しく、また正確に伝えることが大事だ。伝えるべき情報は以下のとおり。

・発生日時
・発生場所（場所が特定できない場合は、周囲の地形の特徴や、何　時にどこを通過してきてどこへ向かっていたのかを伝える）
・遭難者の住所、氏名（漢字のつづり、ふりがなも）、年齢、職業、連絡先、所属山岳会
・遭難者の外見的特徴（着ているウエアの色や体形など）
・遭難の原因
・ケガをしている場合はケガの状況（自力歩行が可能かどうかも）
・登山届の提出の有無。提出しているなら提出先も

救助要請後は、スマートフォンや携帯電話のバッテリーの消耗を抑えるため、警察や消防との交信以外には使用しないようにする。指示があれば交信時間を決めて、それ以外のときは電源をオフにしておく。

もしスマートフォンや携帯電話、無線機などの連絡手段を所持していないときは、動ける者がいちばん近い山小屋に行くか下山するかして一報を入れる。その際にも上記の情報は必ず必要になるので、必要事項をメモしておくようにしよう。

グループ登山でケガ人や病人が出た場合は、連絡に向かう者と現場で付き添う者に別れて行動する。単独行の場合は通りがかった登山者に近くの小屋まで行ってもらうか下山してもらうかして救助の要請をお願いするしかない。

逆に動けなくなった登山者に出会ったときには、自分が連絡に走ることになる。意識がない場合は、ザックやウエアを調べてみて、身元がわかりそうなものがあればそれを見て届け出ること。

なお、ケガ人や病人だけをひとり現場に残して通報に向かうときには、落石や転落の危険のない安全な場所に移動させ、応急処置を施したうえで行動に移ろう。ツエルトを持っているならその中に収容し、手の届くところに食料と水を置き、保温のためシュラフ、レスキューシートや防寒具などで体を包んでおくといい。

●救助を待つ

野山で事故に遭遇したときに、最もツラく心細いのが救助を待っている間だろう。現場の状況や天候などにもよるが、救助はすぐに来てくれるとは限らない。場合によっては2、3日、悪天候が続けば1週間もかかってしまうこともある。その間、ずっと命をつなぎ止めておかなければならないので

自力脱出が無理な場合のみ救助要請を

ある。

そこでいちばん大事なのが、前向きの気持ちを持つことだ。わるいことばかり考えてしまうのがいちばんよくない。気力がなえれば耐久力もおのずと低下する。極限の状況下から生還した人は、みな「大丈夫、絶対助かるんだ」と信じ続けていた。最後まで希望を捨てないことが、生きて帰ることにつながるのだ。

救助を待つときは、なるべく風雨を避けられ、なおかつ水を確保できる場所にじっとしていて体力の温存に努めること。岩陰や大木の根元など、落石の危険がなく風雨を避けられる平坦で安全な場所を選ぼう。ツエルトがあれば言うことはない。

ただし、日中の天気のいいときは、ヘリコプターに発見されやすいように、開けた場所に出て待っていたほうがいい。

寒いようならありったけのウエアを着込み、枯れ木などを集めてきて焚き火をおこそう。持ってい

▶▶▶ ツエルト P.150

る食料は、救助されるまでに何日かかるかわからないので少しずつ食べること。食べるものが何もない場合は、ただ耐えるしかない。何も食べずとも、人間は水さえあれば10日や20日は生きていられるものだ。

寝るときにはザックに足を突っ込んで、なるべく体温を逃がさないようにする。寝る場所にも枯れ木や枯れ葉を敷き詰めておくと、地面からの冷えを防ぐことができる。また、ケガをしているのなら可能な限り手当てをすることだ。

救助するほうも命がけだ

●発見してもらう

野山の事故の遭難救助活動はヘリで行なわれることが多い。ところが、遭難者のほうからはよくヘリが見えるのだが、上空を飛ぶヘリから遭難者の姿を確認するのはなかなか難しい。遮るものがない場所ならまだしも、樹林帯となるともうお手上げだという。

救助に来たヘリに自分のいる場所をいち早く知らせるには、煙を出すのがいちばんである。日本の国立公園内では焚き火が禁じられているが、背に腹は代えられない。周囲に木の枝など燃えそうなものがない場合は、所持しているウエアなどを燃やしてでも煙を出すことだ。

発煙筒を持っていれば、火をおこさなくても煙を出すことができる。赤い煙が出る、より目立つタイプのものもあるので、野山へ行くときにはぜひ携行したい。このほか、レスキューシートなどを大きく振る、カメラのフラッシュをたく、木を揺らして気づかせるなどの方法もある。

なお、ヘリに発見されたときには、ウエアやタオルなどを持ち、めいっぱい腕をグルグル回して合図すること。申し訳程度に手を振ったのでは、一般登山者だと思われて素通りされてしまうこともあるので、アクションは大きければ大きいほどいい。

また、自分の居場所を書いたメモなどを、人が通りそうなところ、目につきやすいところなどに置いておくと、地上からの捜索隊やほかの登山者に発見してもらえる確率も高くなる。沢筋や踏み跡のあるところ、ゴミが落ちているところなどが狙い目だ。

メモの上には石などを乗せて飛ばないようにし、数カ所に置いておく。実際、この手を使って救助された人もいる。

山岳保険

山での遭難事故を考えた場合、一般の生命保険や傷害保険に加入しているだけでは不充分。通常、これらの保険は捜索・救助活動にかかる費用までカバーしていないし、事故発生時の状況によっては保険金が支払われないケースも出てくるからだ。

そこで必要になってくるのが、山での遭難事故に備えるための山岳保険。一年を通じて山に登っている現役バリバリの登山者はもちろん、無雪期の山歩きしかやらない人や低山歩き専門のハイカーにも、万一に備えて加入しておくことをおすすめしたい。

山岳保険とは、基本的には普通傷害保険に登山のためのいくつかの特約をつけたものだと考えていい。そのいちばんの特徴は、遭難時の捜索・救助活動にかかる費用を補償していることだろう。周知のとおり、救助活動ではヘリによる捜索を行なったり、民間の救助隊員に出動してもらったりするために、少なくても数万円～数十万円、多いときには数百万円といっ多額の費用がかかる。それを補償してくれるのが山岳保険なのだ（今は捜索・救助費用のみの補償に特化した、年間の保険料が安く設定されている商品もある）。

山岳保険は、いくつかの保険会社や山岳団体がいろいろな種類の商品を提供しているが、大きく分けるとだいたい次の3タイプとなる。

●ハイキング、無雪期の一般登山を対象とするもの

●ピッケル、アイゼン、クライミングロープなどを使う冬山登山や山岳登攀を対象とするもの

●ハイキングから山岳登攀までオールラウンドな登山を対象とするもの

どのタイプの山岳保険に加入するかは、自分がどういうスタイルの山登りを行なっているのかによって、おのずと決まってくるはずだ。ただし、山岳団体が設定する山岳保険のなかには、特定の団体に所属している者しか加入できないものもある。

山岳保険に加入するにあたっては、保険の補償内容をよく比較検討したうえで、保険会社や山岳団体の担当者に納得いくまで話を聞いて決定したい。その際には、加入しようとする保険がどこまでカバーしてくれるのか、どんなケースのときに免責となって補償が下りないのかなどをよく確認しておくといい。

最新の遭難者探索システム

山岳遭難救助は時間との勝負。山の厳しい自然環境のなかでは、時間の経過とともに生存率はどんどん下がってくる。遭難者をいち早く発見するために、今、各方面で技術開発が続けられている。

遭難者をいかにして迅速に発見・救助するかは、救助関係者にとって古くからの大きな課題である。そのためのツールとして研究開発が進められてきたのが、電波を使って正確な位置情報を把握するシステムだ。たとえばバックカントリー愛好者の間ではもはや必携品となっているアバランチビーコンもその一種。富山県警山岳警備隊でも、冬季の剱・立山連峰への登山者を対象に、1988年から「ヤマタン」と呼ばれる電波発信機の貸し出しを行なっている。

しかし、これらが発信できるのは微弱電波なので、遠距離では正確な位置情報の特定が難しいという弱点がある。GPSの普及によって、登山者が山中で自分の現在地を把握するのは比較的容易となったが、それを遠距離の救助関係者にいかに伝えるかが、いまだネックとなっている。

そんななかで、先陣を切って実用化されたのが、ヘリコプターを活用した会員制の捜索システム「ココヘリ」だ。その仕組みは次ページに示したとおりで、使用する電波は障害物による影響を受けにくく、山間部でもピンポイントで位置情報を捉えることができる。実際、これまでに何人もの遭難者を発見した実績から、全国の警察や消防が導入を進めており、バックカントリー愛好者に対してココヘリの携行を義務付けるスキー場もある。

また、スマートフォン用の登山地図GPSアプリ「YAMAP」は、登山中に自分の位置情報を定期的にYAMAPのサーバーに送信し、その位置情報は事前に登録しておいた家族や友人が確認することができる「みまもり機能」が備わっている。登山コミュティサイト「ヤマレコ」がリリースするヤマレコアプリにも、同様の「いまココ」機能があり、それをもとに遭難事故発生時に情報を救助隊に提供するシステムをスタートさせた。

一方、山での行方不明者を捜索する手段として、かねてから注目されているのがドローン（無人航空機）だ。ドローンを用いれ

●ココヘリの仕組み

小型の電波発信器を持った登山者が山で行方不明になったときに、提携するヘリコプター運航会社が捜索を行ない居場所を特定。救助は警察や消防が行なう。通信距離は半径3km

ば、捜索者のリスクや負担、時間のロスが軽減され、捜索の効率が大きく上がる。捜索費用の面でも、ヘリコプターを飛ばすよりは大幅に経費を抑えることができるはずなので、メリットは大きい。前述のココヘリを搭載したドローンが、捜索が打ち切られたあとに行方不明者の位置を特定したという事例もあり、ドローンを活用した捜索はすでに実用化の段階に入りつつある。

そのほかにも、さまざまな技術が研究・開発の途上にあり、より迅速に遭難者を発見・救助するための取り組みは、加速度的に進んでいる。今後、より優れた画期的なシステムによって、遭難者の救命率が上がることに期待したい。

遭難者の捜索にドローンを活用する実験も各所で進行中。実際に発見した事例も報告されている

スマホ用の登山地図アプリには、登山者の位置情報を家族らに知らせる機能がある。事前に使い方をしっかり学んでおこう

さくいん

緊急連絡用メモ

氏名	
住所 〒	
電話番号	
緊急時連絡先	
勤務先連絡先	
健康保険証NO.	
血液型	

事故状況

（いつ）	
（どこで）	
（どのような）	
（ケガの状況）	
（意識は）　ある・ない	
（救助隊の要請）　はい・いいえ	
（連絡者氏名・連絡先）	

エピローグ

　僕のメインフィールドである川でも、毎年少なからず死亡事故が発生する。仕事柄、事故の知らせに接する機会、また被害者が知人であるケースが多いのだが、楽しいはずの遊びで命を落としてしまう口惜しさにいつもじだんだ踏む。少しでも事故を減らしたいという思いで活動してきたここ20年余の間に、気がつけば僕自身がプロとして、急流救助ロープレスキューのインストラクターになっていた。ファーストエイドやCPRも教える立場になっていた。すべて口惜しさの裏返しだった。そんななかで培ってきた知識やスキル、ノウハウを、わかりやすく解説したつもりである。職業的な義務がない場合、危機に瀕している人を助けるという行為は、あくまでも善意に基づいた任意の行為である。だからやりたくなければ何もしなくていい。でも何かしたいと思う気持ちがありながら、知らないがゆえに何もできないのはとてもつらいし口惜しい。僕はそんな「何かしたい」と思う人に、何をすればいいのかのヒントをつづったつもりである。わが子が危機に瀕したとき、何もできなかったら、どんなに口惜しい思いをするだろうか……。危機管理の重要性が叫ばれて久しい昨今だが、本書が、ごく卑近な危機管理に役立つことをせつに願う。

（藤原尚雄）

　警察庁が毎年発表しているデータによると、山岳遭難事故（ハイキングや山菜狩りなどでの事故も含む）は年々増加傾向にある。1990年代のデータと比べてみると、発生件数も遭難者数も激増していることが一目瞭然だ。本文でも述べているが、野山での事故の99%は当事者の油断や不注意によって引き起こされるもので、その大半は慎重に行動していれば未然に防ぐことができる。また、万一事故が起こってしまったときには、自分たちで解決するのが原則である。ところが、現実はそうなっていない。油断や不注意以前の、無知や非常識が招くあきれた事故の数々。そして軽いねんざ程度ですぐに救助を求めてしまう人々。実際に今、山の世界では安易な救助要請が大きな問題になっている。野山をフィールドとする山登りやハイキングやキャンプの人気は相変わらず高いが、それを楽しもうとする人々のモラルはどうかというと、ちょっと首を傾げざるをえない。自然の中での遊びというのは、基本的に自己責任で行なうべきものだと思う。それを考えるきっかけに、本書がなれれば幸いだ。

（羽根田　治）

[著者紹介]

藤原尚雄（ふじわら・ひさお）

1958年大阪府生まれ。東京在住を経て、現在は家族とともに北海道に移住。大雪山系の麓のトムラウシで、大自然に囲まれた生活を謳歌している。雑誌『Outdoor』（山と溪谷社）の編集、専門誌『カヌーライフ』の創刊編集長を務めたのち、フリーランスとしてアウトドア関連および防災関連の雑誌、書籍のライターとして活動する傍ら、消防士、海上保安官、警察機動隊員などに急流救助やロープレスキュー技術を教授するインストラクターとしても活躍中。総務省消防庁消防大学校や各県の消防学校の非常勤講師でもある。ラフティングのリバーガイド歴は20年で、RAJ（ラフティング協会）専務理事・講師も務める。主な著書に『川から川へ　面白人生カヌー旅』（山と溪谷社）、『大人のための川ガキ養成講座』（リバーフロント整備センター）などがある。（第1、3、4章担当）

羽根田 治（はねだ・おさむ）

1961年埼玉県生まれ。フリーライター。山岳遭難や登山技術の取材経験を重ね、山岳専門誌『山と溪谷』や書籍などで発表する一方、沖縄、自然、人物などをテーマに執筆活動を続けている。現在は那須と沖縄を行き来する生活を送っている。著書に『山の遭難 あなたの山登りは大丈夫か』（平凡社）、『アウトドア・ロープテクニック』『パイヌカジ 沖縄・鳩間島から』『空飛ぶ山岳救助隊』『生還　山岳遭難からの救出』『ドキュメント滑落遭難』『人を襲うクマ』『山岳遭難の傷痕』、共著に『トムラウシ山遭難はなぜ起きたのか』（以上、山と溪谷社）ほか。（第2、5章担当）

●参考文献
『アウトドア 危険・有毒生物 安全マニュアル』（学習研究研）
『海辺の生きもの』（山と溪谷社）
『海辺の生き物』（山と溪谷社）
『海水魚』（山と溪谷社）
『海洋動物の毒』（成山堂書店）
『決定版 雪崩学』（山と溪谷社）
『こんなときこんな結び方』（山と溪谷社）
『サンゴ礁の生きもの』（山と溪谷社）
『淡水魚』（山と溪谷社）
『ロープワークハンドブック』（山と溪谷社）
『ちょっとロープワーク』（山と溪谷社）
『野外における危険な生物』（平凡社）
『野外のファーストエイド術』（地球丸）
『ファーストエイドとCPR』（日本看護協会出版会）
『ヤマケイ登山学校16　山のトラブル対処法』（山と溪谷社）
『山の幸』（山と溪谷社）
『山のトラブル・ブック213の解決法』（山と溪谷社）
『山の悩み相談室』（山と溪谷社）
『雪山に入る101のコツ』（エイ出版社）木世
ほか　雑誌『Outdoor』『山と溪谷』（山と溪谷社）

ブックデザイン＝松澤政昭
写真＝笠原修一、大久保忠男、中村成勝、宇佐美栄一、菊池哲男、
　　　加戸昭太郎、柄沢啓太、松本圭司
イラストレーション＝ゼンヨージススム、中尾雄吉
校正＝中村貴弘
編集＝岡山泰史、山本晃市

本書は2002年発行の『レスキューハンドブック』の増補改訂新版です。

増補改訂新版　**レスキュー・ハンドブック**
2020年5月20日　初版第1刷発行
2023年4月15日　初版第2刷発行

著　者	藤原尚雄
	羽根田　治
発行人	川崎深雪
発行所	株式会社　山と溪谷社

〒101-0051　東京都千代田区神田神保町1丁目105番地
https://www.yamakei.co.jp/
■乱丁・落丁、及び内容に関するお問合せ先
山と溪谷社自動応答サービス　Tel. 03-6744-1900
受付時間／11：00〜16：00（土日、祝日を除く）
メールもご利用ください。
【乱丁・落丁】service@yamakei.co.jp
【内容】info@yamakei.co.jp
■書店・取次様からのご注文先
山と溪谷社受注センター　Tel. 048-458-3455　Fax. 048-421-0513
■書店・取次様からのご注文以外のお問合せ先　eigyo@yamakei.co.jp

印刷・製本　**株式会社　光邦**